Alfred E. Zips

Kriegsursachen Kriegsschuld Kriegsverbrechen Kriegsfolgen

Wer den Herrschaftsverhältnissen gegenüber nicht machtlos bleiben will, muß sie verstehen lernen, und zwar nicht bloß ihre sichtbaren Züge, sondern auch ihre verborgenen Mechanismen. Nur dann kann er die Fiktionen, Täuschungen und Manipulationen durchschauen, denen er von Seiten der Herrschenden ausgesetzt ist.

Hans Herbert von Arnim, „Das System - ſ

D1725752

Eine Zitatensammlung

Alle Rechte vorbehalten

4. Auflage
© 2011 Klosterhaus-Verlag
Klosterhof 4
37194 Wahlsburg
Tel.: 05572-7310
Fax: 05572-999823
klosterhausverlag@gmx.de
www.klosterhausbuch.de

Lektorat
Firma SAMO s.r.o.
firmasamo@googlemail.com

Satz/Umbruch, Bildbearbeitung, Umschlaggestaltung
libergraphix
www.libergraphix.de
info@libergraphix.de

ISBN 978-3-941730-01-4

Einzelpreis: € 6,80
Ab 10 St.: je € 6,--

Inhaltsverzeichnis

Kriegsursachen – Kriegsschuld – Kriegsverbrechen – Kriegsfolgen
Zitate bedeutender Politiker und Historiker von 1871-2009

Vorbemerkungen
Die Anregung zu dieser Arbeit gaben die beiden nachstehend zitierten Aussagen:
Am 1. August 1989 sagte der ehemalige Bundeskanzler Helmut Kohl in einer Regierungserklärung: „Hitler hat den Krieg gewollt, geplant und entfesselt. Daran gab und gibt es nichts zu deuteln. Wir müssen entschieden allen Versuchen entgegentreten, dieses Urteil abzuschwächen."
Am 16. September 1989 erschien in der englischen Sonntagszeitung „Sunday Correspondent" ein ganzseitiger Artikel mit der Überschrift: „Learning to live with the Germans", darin heißt es u.a.: „Wir sind 1939 nicht in den Krieg eingetreten, um Deutschland vor Hitler oder die Juden vor Auschwitz oder den Kontinent vor dem Faschismus zu retten. Wie 1914 sind wir für den nicht weniger edlen Grund in den Krieg eingetreten, daß wir eine deutsche Vorherrschaft in Europa nicht akzeptieren konnten."
Die zentrale Frage, die sich aufdrängt, heißt: Ist die politisch manifestierte und zum Geschichtsdogma erklärte Behauptung, Deutschland trage – wie Kohl es formuliert hat – die Alleinschuld am Ausbruch des Zweiten Weltkrieges, richtig, weil wahr? Oder muß man nach den Erkenntnissen der Geschichtsforschung nicht feststellen, daß sowohl der Erste als auch der Zweite Weltkrieg „viele Väter" hatten, wie es eine neue, kritische Historikergeneration nachweist? Die nachfolgenden Zitate von 1871 bis in die jüngste Zeit, fast ausnahmslos von ausländischen Politikern und Historikern, vermitteln jedenfalls ein anderes als das zum Dogma der Siegermächte und der „political correctness" erhobene Geschichtsbild, das wie eine Grabplatte auf unserem Land und unserem Volk liegt.
Vor einigen Jahren schrieb der damalige Kardinal Ratzinger, der heutige Papst Benedikt XVI.: „Aus der Psychologie wissen wir, daß Verschwiegenes und Verdrängtes im Menschen weiter wirkt und, wenn es keinen Ausweg findet, zur Vergiftung von innen her wird. Was im Leben des einzelnen gilt, das gilt auch für die Völker. Unterdrückte Wahrheiten werden zu gefährlichen Mächten..."
Die Zukunft und damit ein dauerhafter Friede können nur auf das einzig tragende Fundament gestellt werden: WAHRHEIT. Bei deren Suche lassen wir uns von dem wunderbaren französischen Sprichwort führen: „Wer die Quelle nicht kennt, kennt den Fluß nicht."

Alfred E. Zips
Oberstleutnant (Bw) a. D.

Kapitel I
Nachdenkliches

„Die Geschichte ist keine Religion. Der Historiker akzeptiert kein Dogma, respektiert kein Verbot, kennt keine Tabus. Er kann stören. Die Geschichte ist nicht die Moral. Es ist nicht die Rolle des Historikers, zu preisen und zu verdammen; er erklärt. Die Geschichte ist nicht die Sklavin der Aktualität. Der Historiker drückt der Vergangenheit nicht die ideologischen Schemata der Gegenwart auf und bringt in die Ereignisse von einst nicht die Sensibilität von heute. Die Geschichte ist kein Rechtsgegenstand. In einem freien Staat ist es weder die Sache des Parlamentes noch der Justiz, geschichtliche Wahrheit zu definieren."

Manifest „Freiheit für die Geschichte", von 15 französischen Historikern, Dezember 2005, in: Franz W. Seidler, „Das Recht in Siegerhand"

„Wahrheit ist eine widerliche, aber wirksame Arznei!"

August von Kotzebue (1761-1819)

„Die Zeitgeschichte ist mit der Lüge infiziert, wie die Hure mit der Syphilis."

Arthur Schopenhauer (1788-1860)

„Am tyrannischsten ist jene Herrschaft, welche aus Meinungen Verbrechen macht, denn jedermann hat das unverbrüchliche Recht auf Gedankenfreiheit."

Baruch Spinoza (1632-1677)

„Glückliche Sklaven sind die erbittertsten Feinde der Freiheit."

Marie von Ebner-Eschenbach (1830-1916)

„Aber die Geschichte wird schon zu ihrer Zeit aufstehen und reden. Und wenn sie geredet hat, so kommt alles vorangegangene Geschwätz nicht mehr in Betracht."

Friedrich Gottlieb Klopstock (1724-1803)

„Wo aber Gefahr ist, wächst das Rettende auch."

Friedrich Hölderlin (1770-1843)

„Die ungeschriebenen Gesetze und Zwänge der Natur werden letztlich dasjenige Volk belohnen, das sich allen Widerwärtigkeiten zum Trotz erhebt, um gegen Ungerechtigkeit, Lügen und Chaos anzukämpfen. Das war stets so in der Geschichte, und so wird es immer sein. Weder uns noch unseren Nachkommen wird dieser Kampf ums Überleben erspart bleiben."

Immanuel Kant (1724-1804)

„Ich glaube nicht einmal Augenzeugen, wenn sie mir berichten, was dem gesunden Menschenverstand widerspricht."

Voltaire (1694-1778)

„Ein Volk geht nicht zugrunde durch verlorene Kriege, sondern dadurch, daß es von innen her entkräftet, seine Sprache, die Hochsprache seiner Dichter und Denker aufgibt, also Hochverrat an sich selbst begeht."

Josef Weinheber (1892-1945)

„Die geistige Landschaft in Deutschland, vor allem im Bereich der Geschichtsschreibung, ist zunehmend politisiert und intolerant geworden, eigentlich unwissenschaftlich im Kern, totalitär in Ziel und Methode."
Prof. Dr. Alfred de Zayas, US-Völkerrechtler, am 24. 3. 2009 in einer Rede

„Franzosen und Russen gehört das Land. Das Meer gehört den Briten. Wir aber besitzen im Luftreich des Traumes die Herrschaft unbestritten."
Heinrich Heine, „Ein Wintermärchen", 1844

„Nie haben die Massen nach Wahrheit gedürstet. Von den Tatsachen, die ihnen mißfallen, wenden sie sich ab und ziehen es vor, den Irrtum zu vergöttern, wenn er sie zu verführen vermag. Wer sie zu täuschen versteht, wird leicht ihr Herr. Wer sie aufzuklären sucht, ist stets ihr Opfer."
Gustave Le Bon, „Psychologie des foules", 1895

„Das Publikum wird eher die einfache Lüge als die komplizierte Wahrheit glauben."
Alexis de Tocqueville (1805-1859)

„Des Historikers erste Pflicht ist die Wahrheit, die ganze Wahrheit, und wer bloß die halbe Wahrheit sagt, ist schon ein ganzer Lügner."
Wilhelm Heinrich Riehl (1823-1897)

„Im Kriege ist die Wahrheit so kostbar, daß sie nie anders als mit einer Leibwache von Lügen auftreten sollte."
Winston Churchill, „Der zweite Weltkrieg", Band II, S. 75

„Krieg ist das Werk von einzelnen, nicht von Nationen."
Sir Patrick Hastings, brit. Schriftsteller, 1948

„Wir haben gottlob einen Rechtsstaat. Aber leider ist er nicht identisch mit dem Gebiet der Bundesrepublik Deutschland".
Johannes Gross in „Capital" Nr. 1/1994

„Letztlich wurden zwei Weltkriege geführt, um eine dominante Rolle Deutschlands zu verhindern".
Henry Kissinger, ehemaliger US-amerikanischer Außenminister, in „WamS" vom 13. 11. 1994

„Es gibt eine Sünde, die gegen die ganze Menschheit mit all ihren Geschlechtern begangen werden kann – dies ist eine Verfälschung der Geschichte."
Friedrich Hebbel (1813-1863)

7

„Die Verwaltung deutscher Schuld und die Pflege des deutschen Schuldbewußtseins sind ein Herrschaftsinstrument. Es liegt in der Hand aller, die Herrschaft über die Deutschen ausüben wollen."

Johannes Gross (1932-1999), deutscher Journalist

„Die Welt weiß alles, was die Deutschen begangen haben, sie weiß aber nichts darüber, was den Deutschen angetan wurde."

Patrick J. Buchanan, ehem. amerikanischer Präsidentschaftskandidat

„Immer noch schreibt der Sieger die Geschichte des Besiegten, dem Erschlagenen entstellt der Schläger die Züge, aus der Welt geht der Schwächere, und übrig bleibt die Lüge."

Bertolt Brecht (1898-1956)

„In der Demokratie gibt es eine Pflicht, die allen anderen vorangeht, nämlich zu sagen, was ist."

Karl-Theodor zu Guttenberg, „Fußnoten"

„Zu schweigen, wo widersprochen werden müßte, macht aus einem Volk der Männer ein Volk der Feiglinge."

Abraham Lincoln (1809-1865)

„Wen die Götter vernichten wollen, den schlagen sie mit Blindheit."

Sophokles, „Antigone"

„Es ist immer schwer, sich gegen eine Generation zu verteidigen, die nicht mit uns gelebt hat."

Cato der Ältere (234-149 v. Chr.)

„Alle Geschichte ist Revisionismus. Alle Geschichte muß immer wieder neu geschrieben werden, sogar die deutsche."

Günter Nenning, „Auf den Klippen des Chaos", 1993

„In den Abgründen des Unrechtes findest Du immer die größte Sorgfalt für den Schein des Rechts."

Johann Heinrich Pestalozzi (1746-1827)

„Moralisch gesehen, ist es ebenso falsch, sich schuldig zu fühlen, ohne etwas Bestimmtes angerichtet zu haben, wie sich schuldlos zu fühlen, wenn man tatsächlich etwas begangen hat. Ich habe es immer für den Inbegriff moralischer Verwirrung

gehalten, daß sich im Deutschland der Nachkriegszeit diejenigen, die völlig frei von Schuld waren, gegenseitig und aller Welt versicherten, wie schuldig sie sich fühlten."
Hannah Arendt (1906-1975)

„Das Recht auf Wahrheit ist ein vergessenes Menschenrecht. Das 20. Jahrhundert wird wahrscheinlich als Jahrhundert der Lüge in die Weltgeschichte eingehen. In keinem Jahrhundert gab es eine so lange andauernde und so umfassende Verfolgung Andersdenkender."
Theologie-Professor Ernst Lerle in „Gegen Halbwahrheiten, Meinungsmanipulationen, Tabus".
München, 1984, S. 319

„Die Bundesrepublik Deutschland ist kein Staat, sondern nur die Organisationsform einer Modalität der Fremdherrschaft über das deutsche Volk."
Professor Carlo Schmid (SPD) in seiner Rede am 8. 9. 1948 vor dem Parlamentarischen Rat

Dr. Kurt Georg Kiesinger, ehem. Bundeskanzler:
„Wir sind ein Protektorat der USA."
„Der Spiegel", 21. 5. 1958

„Wir sind die Kompaniedeppen der Amerikaner. Nur mit dem Unterschied, daß der Kompaniedepp für das Brotzeitholen ein Bier bekam, das wir jetzt selber bezahlen müssen."
Franz Josef Strauß, „Der Spiegel" Nr. 49/66

„Wir sind die Heloten der USA."
Alfred Seidl, ehem. bayerischer Innenminister, „Süddeutsche Zeitung", 19. 4. 1993

Der ehemalige estnische Staatspräsident Lennart Meri nannte bei einem Staatsbesuch in Berlin die Bundesrepublik Deutschland eine „Canossa-Republik" und verurteilte unsere ewige Büßerhaltung:
„Wenn man eine Moral zur Schau trägt, riskiert man, nicht ernst genommen zu werden… Man kann einem Volk nicht trauen, das rund um die Uhr eine intellektuelle Selbstverachtung vorführt… Um glaubwürdig zu sein, muß man auch bereit sein, alle Verbrechen zu verurteilen, überall in der Welt, auch dann, wenn die Opfer Deutsche waren oder sind… Bevor wir überhaupt an eine neue Weltordnung zu denken beginnen, brauchen wir vor allem historische Aufrichtigkeit und Objektivität."
Pommersche Zeitung, 4. 11. 1995

„Die Neigung, sich für fremde Nationalitäten und Nationalbestrebungen zu begeistern, auch dann, wenn dieselben nur auf Kosten des eigenen Vaterlandes verwirk-

licht werden können, ist eine politische Form der Krankheit, deren geografische Verbreitung sich leider auf Deutschland beschränkt."
Bismarck im preußischen Landtag am 26. 2. 1863

„In letzter Zeit ist es Mode geworden, über die Nivellierung der Nationen zu reden, über das Verschwinden der Völker im Kochtopf der modernen Zivilisation. Ich bin ganz und gar nicht dieser Meinung. ... Eine Nivellierung der Nationen wäre um nichts besser als die Gleichmacherei der Menschen: ein Charakter, ein Gesicht. Die Nationen bedeuten den Reichtum der Menschheit, die Gesamtheit verschiedener Persönlichkeiten; selbst die geringste Nation trägt eine besondere Farbe, birgt eine eigene Facette des göttlichen Entwurfs in sich."
Alexander Solschenyzin (1918-2008)

„Bei unserem Kampf um die geschichtliche Wahrheit geht es nicht um gestern, sondern um morgen – um die Zukunft unseres Volkes".
Josef Anton Kofler, „Die falsche Rolle mit Deutschland", 1973, S. 3

„Die Gründung der Bundesrepublik Deutschland 1949 war keine souveräne Staatsgründung aus eigenem Recht, und sie wurde 1990 auch nicht nachgeholt. Die Bundesrepublik besitzt daher nicht einmal eine annähernde Verfügungsgewalt über die Interpretation ihrer Geschichte."
Thorsten Hinz, „Junge Freiheit", 27. 11. 2009

„Was ist denn ein Präsident der USA? Er ist ein Sprachrohr der Konzerne – und sonst gar nichts…Wir sind keine Demokratie mehr – wir haben unsere Verfassung schon längst aufgegeben…Die moderne Diktatur kommt nicht mit braunen und schwarzen Uniformen daher. Wir machen das mit Unterhaltung, mit Fernsehen, mit Spaß und einer Erziehung, die verdummt".
Gore Vidal, US-amerikanischer Schriftsteller und Politiker, „Stern" Nr. 36/2000

„Ein Patriot muß immer bereit sein, sein Land gegen seine (eigene) Regierung zu verteidigen."
Edward Abby, US-amerikanischer Schriftsteller (1927-1989)

„Die Geschichte, wie sie heute geschrieben und vermittelt wird, ist zu oft ein grobes Gemisch aus Unwahrheiten, Überbleibseln der alliierten Propaganda im 2. Weltkrieg, Halbheiten, Märchen und Mythen, die zur Indoktrinierung des Heeres der Trottel zubereitet werden."
Philipp Gautier, französischer Historiker, „Deutschenangst, Deutschenhaß, Entstehung, Hintergründe, Auswirkungen", S. 276

„Es muß begriffen werden in Deutschland, daß unser Geschick in unseren eigenen Händen besser aufgehoben ist als in den Händen eines Großen Bruders, der selbst Spielball ist von Ereignissen, die sich seiner Kontrolle entziehen."
Ulrike Meinhof in „Die Würde des Menschen ist unantastbar", Berlin, 1980, S. 38

„Qui tacet, consentire videtur." – (dt., „Wer schweigt, scheint zuzustimmen.")
Papst Bonifaz VIII. (1235-1303)

„Mir scheint, daß die Zeit gekommen ist, sich wieder auf die christliche Botschaft vom Verhältnis des Menschen zum Volk, zum Vaterland, zum Staat zu besinnen. Nach christlichem Verständnis gründet die Liebe zum Vaterland in der ehrfürchtigen Hingabe jenen gegenüber, denen wir unseren Ursprung verdanken: Gott, unseren Eltern und dem Land unserer Väter, wo unsere Wiege stand, dem Land, dem wir durch gemeinsame Abstammung, gemeinsame Heimat, gemeinsame Geschichte, gemeinsame Kultur und gemeinsame Sprache schicksalhaft verbunden sind."
Joseph Kardinal Höffner (1906-1987) am 22. 9. 1986

„Verschwiegene Wahrheit bringt Unheil."
Friedrich Nietzsche (1844-1900)

„Der Widerstand gegen Hitler nimmt täglich zu."
Johannes Gross 1984, zitiert von Lorenz Jäger, in: FAZ vom 25. 6. 2004

„In ganz Europa wird der Kampf gegen die Nazis umso heftiger geführt, je länger das Dritte Reich tot ist."
Henryk M. Broder in der FAZ vom 25. 6. 2007, S. 35

„Die Massen in Bewegung zu setzen, braucht's nur der Phrase eines Dummkopfs. Wie lange braucht der kluge Mann, um nur einen einzigen zu seiner Meinung zu bekehren."
Wilhelm Raabe (1831-1910), deutscher Erzähler, Pseudonym: Jacob Corvinus

„Eine freie Presse gibt es nicht. Sie, liebe Freunde, wissen das und ich weiß es auch. Nicht ein einziger unter Ihnen würde es wagen, seine Meinung offen und ehrlich zu sagen. Wir sind Werkzeuge und Hörige der Finanzgewaltigen hinter den Kulissen. Wir sind Hampelmänner, die hüpfen und tanzen, wenn sie am Draht ziehen. Unser Können und selbst unser Leben gehört diesen Männern. Wir sind nichts weiter als intellektuelle Prostituierte".
John Swinton, Herausgeber der „New York Times", zitiert nach: Richard Melisch,
„Der letzte Akt", S. 221

Die Propagandalüge

Ich habe hunderttausend Züge,
von denen jeder euch gefällt,
ich bin die Propagandalüge,
die wahre Herrin dieser Welt.
Ich bin schon hunderttausend Jahre,
viel älter als der Pentateuch,
und von der Wiege bis zur Bahre,
bin ich auf Schritt und Tritt um euch.
Mir dient das Hirn von tausend Köpfen,
mir dient der Forscher im Labor,
und Dummheit kommt Millionen Tröpfen,
wenn ich es will, wie Weisheit vor!
Doch dauernd ändert sich sein Name,
ob es nun Frieden oder Krieg,
ich heiße als Plakat Reklame –
als Flugblatt heiß ich Politik.
Ich streue Gift in tausend Brunnen,
an einem Tage tausendmal,
den Deutschen mach ich heut zum Hunnen,
und morgen schon zum Parsival.
Den Feigling mache ich zum Heros,
den Helden aber feig und schlecht.
Mir dient der Mensch, doch auch Gott Eros
ist täglich tausendmal mein Knecht.
Ich hetze jedes Volk zum Morden
aufs Schlachtfeld, doch ich kann noch mehr:
Ich mache aus vertierten Horden
ein sittenstrenges Kreuzzugsheer.
Ich bin die Propagandalüge,
die jeder kaufen kann – für Geld.
Ich fälsche, lüge und betrüge
seit Anbeginn die ganze Welt!

(Verfasser unbekannt)

Memorandum des britischen Premiers Lloyd George vom 25. 3. 1919:
„Die Aufrechterhaltung des Friedens wird davon abhängen, daß keine Ursachen zur Verzweiflung vorhanden sind, die dauernd den Geist des Patriotismus, der Gerechtigkeit oder des ‚fair play‘ aufstacheln... Aber Ungerechtigkeiten und Anmaßung, ausgerechnet in der Stunde des Triumphes, werden nie vergessen und vergeben werden. Aus diesem Grunde bin ich auf das schärfste dagegen, mehr Deutsche als unerläßlich nötig ist,... einer anderen Nation zu unterstellen. Ich kann mir keine stärkere Ursache für einen künftigen Krieg vorstellen, als daß das deutsche Volk, das sich zweifellos als eine der kräftigsten und mächtigsten Rassen der Welt erwiesen hat, von einer Anzahl von kleinen Staaten umgeben werden soll..., die noch nie vorher eine stabile Regierung aufgestellt haben... Der Vorschlag der polnischen Kommission... muß früher oder später, meiner Meinung nach, zu einem neuen Krieg in Osteuropa führen."
Gerhard Baumfalk, „Tatsachen zur Kriegsschuldfrage", Grabert-Verlag, Tübingen, 2000, S. 266

„Das Kapital wünscht niemand über sich zu haben, kennt keinen Gott und möchte alle Staaten wie große Banken regieren. Ihr Gewinn soll zur alleinigen Richtschnur der Regierenden werden."
Der katholische Erzbischof von New York, John Murphy Farley (1842-1918), im Frühjahr 1914 auf dem Eucharistischen Kongreß

„Der Unterschied zwischen Demokratie und Diktatur ist, daß Du in der Demokratie wählen darfst, bevor Du Befehle befolgst."
Charles Bukowski (1920-1994)

„Jeder Mensch kann irren, nur Dummköpfe verharren im Irrtum."
Marcus Tullius Cicero (106-43 v. Chr.)

Nach dem Krieg soll nach dem englischen Major M. F. Thurgood Churchill zu Lord Ismay, von 1952 bis 1957 erster NATO-Generalsekretär, gesagt haben:
„Wir haben das falsche Schwein geschlachtet." Er ist dann auch in seinen Memoiren zu der späten Erkenntnis gelangt, daß es allein die Deutschen waren, die sich den Sowjets entgegengestellt haben, um die kommunistische Weltrevolution zu verhindern.

Kapitel II
Der Weg zum Zweiten Dreißigjährigen Krieg

„Jeder hat das Recht auf Meinungsäußerung; dieses Recht schließt die Freiheit ein, Meinungen ohne jede Einmischung anzuhängen und zu vertreten und Informationen und Ideen durch jedes Mittel und ohne Rücksicht auf Grenzen zu beschaffen, zu erlangen und zu verbreiten."

Allgemeine Menschenrechtserklärung der Vereinten Nationen vom 10. 12. 1948, Artikel 19

„Wenn man die Wahrheit verschließt und in den Boden vergräbt, dann wird sie dort wachsen und so viel explosive Kraft ansammeln, daß sie an dem Tag, an dem sie durchbricht, alles, was ihr im Weg steht, fortfegt."

Émile Zola (1840-1902)

Klärung der Kriegsschuldfrage – Voraussetzung für künftigen Frieden.

Triumphiert in dieser Welt nur das Wahre, Edle, Gerechte, die Liebe und Menschlichkeit, der Fortschritt? Nur Wissen kann uns aufklären über diese elementaren Fragen, Glaube vermag es nicht. Die vom Krieg betroffenen Völker gemahnen jeden, sich aufrichtig, objektiv, mutig und energisch diese uns von der Geschichte auferlegten Fragen zu enträtseln. Dafür ist die wissenschaftliche Arbeitsmethode unerläßlich. Sie gebietet Vorurteilslosigkeit und Unabhängigkeit von machtpolitischen Einflüssen... Ein historischer Rückblick läßt uns fragen: Hat sich die Welt im Laufe ihrer Geschichte geändert?"

Udo Walendy, „Wahrheit für Deutschland", 1964, S. 9-11

„Die Deutsche Reichsgründung ist ein größeres politisches Ereignis als die Französische Revolution... Die Folgen sind kaum vorhersehbar, und neue unbekannte Ziele und Gefahren drohen... die ‚Balance of Power‘ ist gänzlich zerstört, und England ist das Land, das darunter am meisten leiden wird.“
Der spätere englische Premierminister Benjamin Disraeli am 9. 2. 1871 im Unterhaus

„Wir Engländer haben bisher stets gegen unseren Wettbewerber bei Handel und Verkehr Krieg geführt. Unser Hauptwettbewerber ist heute nicht mehr Frankreich, sondern Deutschland... Bei einem Krieg gegen Deutschland kämen wir in die Lage, viel zu gewinnen und nichts zu verlieren.“
Die Londoner „Saturday Review“ am 24. 8. 1895; Gerd Schultze-Rhonhof, „Der Krieg, der viele Väter hatte“, S. 30

„Wäre morgen jeder Deutsche beseitigt, so gäbe es kein englisches Geschäft noch irgendein englisches Unternehmen, das nicht zuwüchse. Verschwände jeder Engländer morgen, so hätten die Deutschen den Gewinn... Einer von beiden muß das Feld räumen... Macht Euch fertig zum Kampf mit Deutschland, denn Germaniam esse delendam.“ (dt., „Deutschland muß zerstört werden.“)
Die Londoner „Saturday Review“ am 1. 2. 1896, S. 30

„Überall, wo die englische Flagge der Bibel und der Handel der Flagge gefolgt ist... bekämpft der deutsche Handelsmann den englischen... Staaten haben jahrelang um eine Stadt oder ein Thronfolgerecht Krieg geführt; und da sollten wir nicht Krieg führen, wenn ein jährlicher Handel von 5 Milliarden auf dem Spiel steht?“
Die Londoner „Saturday Review“ am 11. 9. 1897, S. 30

Der russische General Skobelew hielt im Februar 1882 in Warschau (damals war Polen eine russische Provinz) eine Rede, bei welcher er ausrief: „Unser gemeinsamer Feind ist der Deutsche... Das Reich, das durch Blut und Eisen gegründet worden ist, kann nur durch russisches Blut und Eisen zertrümmert werden und muß zertrümmert werden.“
Josef A. Kofler, „Die falsche Rolle mit Deutschland“, Verlag Kofler, 2008, S. 10

Der Herausgeber mehrerer englischer Zeitungen, Lord Northcliffe, in einem Interview mit dem französischen „Matin“ im Jahre 1907: „Ja, wir hassen die Deutschen und das von Herzen... Ich werde nicht zulassen, daß meine Zeitungen auch nur das geringste drucken, was Frankreich verletzen könnte. Ich möchte nicht, daß sie irgend etwas aufnehmen, das den Deutschen angenehm sein könnte...“
Gerd Schultze-Rhonhof, „Der Krieg, der viele Väter hatte“, S. 33

General Louis Botha, Premierminister von Transvaal (1907), gegenüber einem mit ihm befreundeten deutschen Pastor: „Deutschland kann einen Krieg mit England nicht entgehen, was auch immer es tut."

Emil Maier-Dorn, „Alleinkriegsschuld, Unkenntnis oder Feigheit", in: „Anmerkungen zu Sebastian Haffner", S. 130

Beim Abschiedsbankett der französischen Manöver im Sommer 1912 brachte der russische Großfürst N. Nikolajewitsch als Ehrengast unter dem Beifall der Generale den Trinkspruch aus: „Auf unsere künftigen Siege. Auf Wiedersehen in Berlin, Messieurs!"

1913 gingen bereits 70 Prozent des gesamten Exportes der amerikanischen Rüstungsindustrie an Frankreich und England.

Joachim Fernau, „Halleluja - Die Geschichte der USA"

Der ehemalige englische Premier Lord Balfour gegenüber dem US-Diplomaten White in einem Gespräch im Jahre 1910 in London:
„Wir sind wahrscheinlich töricht, daß wir keinen Grund finden, um Deutschland den Krieg zu erklären, ehe es zu viele Schiffe baut und uns den Handel wegnimmt... Ist das eine Frage von Recht oder Unrecht? Vielleicht ist das aber eine Frage der Erhaltung unserer Vorherrschaft."

ebenda, S. 32

Im Januar 1914 schreibt die einflußreiche russische Militärzeitung „Raswjedschik": „Uns allen ist sehr wohl bekannt, daß wir uns auf einen Krieg an der Westfront, vornehmlich gegen die Deutschen, vorbereiten. Deshalb müssen wir allen unseren Truppenübungen die Annahme zugrunde legen, daß wir gegen die Deutschen Krieg führen... Nicht nur die Truppe, das ganze russische Volk muß an den Gedanken gewöhnt werden, daß wir uns zum Vernichtungskampf gegen die Deutschen rüsten und daß die deutschen Staaten zerschlagen werden müssen, auch wenn wir dabei Hunderttausende von Menschen verlieren".

Gerd Schultze-Rhonhof, „Der Krieg, der viele Väter hatte", S. 47

Der französische Präsident Poincaré antwortete am 29. 6. 1914 auf die Frage: „Glauben Sie, Herr Präsident, daß man den Krieg abwenden kann?" mit: „Dies zu tun, wäre sehr bedauerlich, denn wir werden niemals günstigere Umstände finden."

Harry Elmer Barnes, „Die Entstehung des Weltkrieges", S. 293

„Rußland war an einer Unterstützung Serbiens interessiert und war auch entschlossen, den Mord von Sarajewo als Zünder eines allgemeinen Krieges zu benutzen, wie sein Verhalten während der Krise klar anzeigt... Es ist also, glaube ich, durchaus

klar, daß der Schritt zu einem allgemeinen europäischen Kriegsbrand von Rußland bestimmt wurde... Die Franzosen haben…, wenn auch im geheimen, die Russen zu den äußersten Maßnahmen ermutigt... Wenn irgend jemanden ein Vorwurf für die deutsche Invasion Frankreichs trifft, so sind es die Franzosen selbst... Poincaré und die Kriegspartei lechzten nach Rache für das Debakel von 1870... Sie wollten den Krieg."
Russel Grenfell, „Bedingungsloser Haß?" (Unconditional Hatred), Viöl, 1985, S. 66-71

Zitate aus einer Broschüre von Houston Stewart Chamberlain (Naturforscher und Philosoph, 1855-1927), erschienen am 2. 9. 1914:
„Wohl niemals in der Weltgeschichte wurde die Irreführung eines ganzen Volkes so schamlos, so ruchlos und so geschickt-schlau angelegt und durchgeführt, wie die Irreführung Englands in bezug auf Deutschland. Diese Irreführung trägt die Schuld an dem jetzigen Krieg. Von Anfang an ist England die treibende Kraft gewesen; England hat den Krieg gewollt und herbeigeführt; England hat Frankreich unablässig aufgehetzt. Möglich wurde diese frevelhafte Politik einzig durch berechnete, ,systematische' Irreführung des englischen Volkes... Mein Zeugnis lautet: In ganz Deutschland hat in den letzten 43 Jahren nicht ein einziger Mensch gelebt, der Krieg gewollt hätte, nicht einer."
Houston Stewart Chamberlain, „Kriegsaufsätze", Bruckmann, München, S. 9-12, 25 und 31

„Rußland setzt 1914 bewußt auf Krieg. Innerstaatliche Probleme, die Chance, bei einem Sieg den Zugang zum Mittelmeer zu gewinnen und das angemaßte Patronat über alle Slawenvölker verleiten die russische Regierung, Serbien offen gegen Österreich-Ungarn zu unterstützen, mobil zu machen und ohne Warnung oder Kriegserklärung in Deutschland einzumarschieren."
Gerd Schultze-Rhonhof, „Der Krieg, der viele Väter hatte", S. 63

„Wir haben einen Friedensvertrag, aber er wird keinen dauerhaften Frieden bringen, weil er auf dem Treibsand des Eigennutzes gegründet ist."
Robert Lansnig, US-Außenminister, am 8. 5. 1919

Der amerikanische Generalkonsul in München, Gaffney, in seiner Rückschau auf seine Aufenthalte in Großbritannien vor dem Ersten Weltkrieg:
„Bei meinen jährlichen Besuchen stellte ich erstaunt und amüsiert fest, wie die Feindschaft gegen Deutschland wuchs. Meine englischen Freunde zögerten nicht, mir mit völliger Offenheit und der üblichen englischen Anmaßung zu erklären, daß es nötig sei, Deutschland zu zerstören, oder Großbritannien würde seine wirtschaftliche Vormachtstellung auf den Weltmärkten verlieren."
Gerd Schultze-Rhonhof, „Der Krieg, der viele Väter hatte", S. 32

„Die Welt würde gesunden, wenn am Ende des Krieges ein Deutscher ein so seltenes Ding geworden wäre wie eine Schlange in Irland oder ein wilder Tiger in England."
„Financial News", 30. Oktober 1915

Robert Bacon, Partner des Bankiers Morgan, erklärte 1915 gegenüber einem französischen Journalisten: „In Amerika gibt es 50.000 Leute, denen die Notwendigkeit unseres sofortigen Kriegseintritts an Eurer Seite klar ist. Aber es gibt hundert Millionen Amerikaner, die daran noch nicht einmal gedacht haben. Unsere Aufgabe ist es, dieses Zahlenverhältnis umzukehren. Wir werden es fertig bringen."
Emil Maier-Dorn, „Zu v. Weizsäckers Ansprache vom 8. 5. 1985", S. 137

„Hieraus entsteht ein neuer Krieg. Unsere Kinder werden ihn ausfechten müssen."
Ernst v. Weizsäcker am Tage des Waffenstillstandes vom 19. 11. 1918 in seinem Tagebuch

Am 7. 5. 1915 wird der größte und schnellste Luxusdampfer der Welt, das britische Schiff „Lusitania", von Amerika kommend, vor der irischen Küste von einem deutschen U-Boot versenkt. Den über 2000 Passagieren und der Öffentlichkeit war verschwiegen worden, daß die Ladung des Schiffes aus riesigen Mengen an Kriegsmaterial und Munition bestand. (Anm.: Zu diesem Zeitpunkt waren die USA offiziell noch „neutral"; d. Verf.). Diese Katastrophe wird in den USA ein willkommener Anlaß zur Kriegshetze gegen Deutschland.
Colin Simpson, „Die Lusitania", Frankfurt/M., 1973, und „Der Spiegel" Nr. 21, 1962

Vorschlag der deutschen Reichsregierung an Polen – aus einer Rede Hitlers am 28. 4. 1939 im Deutschen Reichstag:

1. Danzig kehrt als Freistaat in den Rahmen des Deutschen Reiches zurück.
2. Deutschland erhält durch den Korridor eine exterritoriale Verkehrsverbindung.

Dafür ist Deutschland bereit,

• sämtliche wirtschaftlichen Rechte Polens in Danzig anzuerkennen.
• Polen einen Freihafen beliebiger Größe und bei vollständig freiem Zugang sicherzustellen.
• die Grenzen zwischen Polen und Deutschland endgültig zu akzeptieren.
• einen 25-jährigen Nichtangriffspakt mit Polen abzuschließen.

Gerhard Baumfalk, „Tatsachen zur Kriegsschuldfrage", Grabert-Verlag, 2000, S. 666
Anmerkung des Verfassers: Zu einem so weitgehenden Angebot war keine Weimarer Regierung jemals bereit. Wie wir wissen, hat Polen Hitlers Angebot abgelehnt.

Kapitel III

Germaniam esse delendam. –
Deutschland muß vernichtet werden.

„Wer sich zum Wurm macht, soll nicht klagen, wenn er getreten wird."

Immanuel Kant (1724-1804)

„Ohne Wahrheit gibt es keine Sicherheit und keinen Bestand. Fürchtet es nicht, wenn die ganze Meute aufschreit. Denn nichts ist auf dieser Welt so verhaßt und gefürchtet wie die Wahrheit. Letzten Endes wird jeder Widerstand gegen die Wahrheit zusammenbrechen wie die Nacht vor dem Tag."

Theodor Fontane (1819-1898)

„Ich betrachte diesen Krieg samt und sonders als einen dreißigjährigen Krieg von 1914 an."

Winston Churchill am 20. Februar 1944 in einem Brief an Stalin, „Die unheilige Allianz";
Reinbek, S. 255

„Der größte Fluch von Versailles war der Artikel 231, der Deutschland die Alleinschuld am Ausbruch des Ersten Weltkrieges zuwies."

Henry Kissinger, „Die Vernunft der Nationen, Seite 248 und 262

„Wenn Hitler scheitert, wird sein Nachfolger der Bolschewismus sein; wenn er Erfolg hat, wird er innerhalb von fünf Jahren einen europäischen Krieg bekommen."

Lord Vansittart 1933 in „Even now", London, 1945, Seite 69

„Die Wahrheit kann nicht revanchistisch sein."
Der russische Germanist und Schriftsteller Lew Kopelew (1912-1997)

Der englische Gelehrte Conybeare äußert sich nach dem Ende des Ersten Weltkrieges wie folgt: „Wir griffen Deutschland aus drei Gründen an: Erstens, um seine Flotte zu demütigen, ehe sie noch größer geworden war, zweitens, um seinen Handel in unsere Hand zu bekommen, drittens, um ihm seine Kolonien wegzunehmen."
Harry Elmer Barnes, „Die Entstehung des Weltkrieges", S. 425

Antideutsches Gebet im US-Kongreß am 10. 1. 1918
„Allmächtiger Gott! Unser himmlischer Vater! Du weißt, o Herr, daß wir in einem Kampf um Leben und Tod stehen gegen eine der gemeinsten, übelsten, gierigsten, habsüchtigsten, blutdürstigsten, sündhaftesten Nationen, die jemals das Buch der Geschichte geschändet haben. Du weißt, daß Deutschland aus den Augen der Menschen genügend Tränen gepreßt hat, um einen neuen Ozean zu füllen, daß es genügend Blut vergossen hat, um jede Woge auf diesem Ozean zu röten, und daß es aus den Herzen von Männern, Frauen und Kindern genügend Schreie und Stöhnen gepreßt hat, um daraus ein neues Gebirge aufzutürmen. Wir bitten Dich, o Herr, entblöße Deinen mächtigen Arm und schlage das große Rudel dieser hungrigen, wölfischen Hunnen zurück, von deren Fängen Blut und Schleim tropfen... Und wenn alles vorüber ist, werden wir unser Haupt entblößen und unser Antlitz zum Himmel erheben... Und Dir sei Lob und Preis immerdar, durch Jesus Christus. Amen".
Gerd Schultze-Rhonhof, „Der Krieg, der viele Väter hatte", S. 70/71

Stimmen zum Versailler Diktat:
„Wären wir das besiegte Volk und hätten solche Bedingungen auferlegt bekommen (gemeint ist das Versailler Diktat; d. Verf.) so würden wir... in unseren Schulen und Heimen begonnen haben, unsere Kinder auf einen Vergeltungskrieg vorzubereiten."
Der britische Abgeordnete Kneeshaw auf dem Labour-Parteitag 1920

Der britische Nationalökonom Keynes, Berater der englischen Delegation in Versailles, wertet den „Versailler Vertrag" in seinem Buch „Die wirtschaftlichen Folgen des Friedensvertrages" als „einen Versuch, Deutschland der Versklavung zuzuführen und als ein Gewebe von jesuitischen Auslegungen zur Bemäntelung von Ausraubungs- und Unterdrückungsabsichten". Und an anderer Stelle dieses Buches schreibt Keynes: „Je öfter ich diesen Vertrag lese, um so übler wird mir. Das größte Verbrechen sind die Reparationsklauseln... Wenn ich die Deutschen wäre, würde ich mit keinem Strich unterschreiben."
Gerd Schultze-Rhonhof, „Der Krieg, der viele Väter hatte", S. 81

„Dies ist kein Friede; es ist ein Waffenstillstand für die nächsten 20 Jahre."
Der französische Marschall Foch nach dem Versailler Diktat

„Deutschland wurde ein Frieden aufgezwungen, aber das war ein Frieden von Wucherern und Würgern, ein Frieden von Schlächtern, denn Deutschland und Österreich wurden ausgeplündert und zerstückelt. Man nahm ihm alle Existenzmittel, ließ die Kinder hungern und des Hungers sterben. Das ist ein ungeheuerlicher Raubfrieden."
W. I. Lenin, „Über Krieg, Armee und Militärwissenschaft", Berlin, 1958, 1. Bd., S. 569, 600, 774

„Präsident Wilsons Bemühungen, künftige Kriege... durch den von ihm vorgeschlagenen Völkerbund zu verhindern, wurden schon von Anbeginn vereitelt. Die Weigerung seines eigenen Landes, sich an seinem Völkerbund zu beteiligen, war einer der Faktoren; ein noch schwerwiegenderer war der Versailler Vertrag selbst... Die Sieger zwangen das besiegte Deutschland, ein Dokument zu unterzeichnen, das die Erklärung enthielt, es und nur es allein trage die Schuld an jenem Ersten Weltkrieg... Die deutschen Vertreter standen vor der Alternative, entweder zu unterschreiben oder ihre Nation langsam zugrunde gehen zu sehen. Die Waffen waren Hunger und Unterernährung... Etwa 800.000 Menschen sind das Opfer der Nachkriegsblockade (der Sieger) geworden... Frankreich machte keinen Hehl aus seinem Haß und seiner Rachepolitik."
Peter H. Nicoll, „Englands Krieg gegen Deutschland", 1963, S. 29/30

Hutchinson, der Leiter des englischen Frontkämpferverbandes, nannte das Versailler Diktat „ein monströses Stück politischer Gaunerei".
Der US-Außenminister Philander Knox nannte es „ein Verbrechen gegen die Zivilisation", und der Reichskanzler Scheidemann (SPD) sprach von dem „schauerlichsten und mörderischsten Hexenhammer, mit dem einem großen Volk das Bekenntnis der eigenen Unwürdigkeit, die Zustimmung zur erbarmungslosen Zerstückelung, das Einverständnis mit Versklavung und Helotentum abgepreßt werden soll."

„Die Versailler Friedensverträge werden die Quelle eines neuen Krieges sein. Dies ist so sicher wie die Wiederkehr des Tages nach entschwindender Nacht."
Robert Lansing, US-Außenminister von 1915-1920, in seinem 1921 erschienenen Hauptwerk „Peace negotiations"

Der englische Premier Lloyd George am 25. 3. 1919 in einem Memorandum: „Der Vorschlag der polnischen Kommission, 2,1 Mio. Deutsche der Aufsicht eines Volkes von anderer Religion zu unterstellen, das noch niemals im Laufe seiner

Geschichte die Fähigkeit zu stabiler Selbstregierung bewiesen hat, muß meiner Beurteilung nach früher oder später zu einem neuen Krieg in Osteuropa führen…"
Gerd Schultze-Rhonhof, „Der Krieg, der viele Väter hatte", S. 410

„Dieser Frieden ist ein langsamer Mord des deutschen Volkes."
Reichsjustizminister Otto Landsberg (SPD), 1919

Die ersten KZ in Europa wurden nach Gründung des polnischen Staates im ehemals deutschen Posener Gebiet von Polen für Deutsche errichtet: Noch im Herbst 1918 die Lager Szcypiorno und Stralkowo, in denen mehr als 8000 Deutsche interniert wurden, von denen viele nicht überlebten. Mehr als 1 Million Deutsche und 557.000 Juden verließen infolge der Unterdrückungsmaßnahmen und Enteignungen von 1919 bis 1938 ihre ostdeutsche Heimat – eine erste Vertreibung.
„Der Große Wendig", Band 1, S. 528

„Noch niemals ist ein ernstlicher und dauerhafter Friede auf die Ausplünderung, die Quälerei und den Ruin eines besiegten, geschweige denn eines besiegten großen Volkes gegründet worden. Und dies und nichts anderes ist der Vertrag von Versailles."
Der italienische Ministerpräsident Francesco Nitti, „Die Tragödie Europas", S. 14

„Die wirtschaftlichen Bestimmungen des Versailler Vertrages waren so bösartig und töricht, daß sie offensichtlich jede Wirkung verloren… Die siegreichen Alliierten versicherten, daß sie Deutschland ausquetschen würden, bis die Kerne krachen."
Winston Churchill, „Der Zweite Weltkrieg"

„Gewalt ohne Maß und Grenzen soll dem deutschen Volk angetan werden. Aus solchem aufgezwungenen Frieden müßte neuer Haß zwischen den Völkern und im Verlauf der Geschichte neues Morden erwachen."
Friedrich Ebert, Reichspräsident, am Tage der Zustellung der Friedensbedingungen von Versailles

„Die Ziele der Entente konnten nur durch einen Krieg, die Ziele Deutschlands nur ohne Krieg erreicht werden… Alle Gründe Amerikas bzw. des amerikanischen Präsidenten Wilson, (1917) in den Krieg einzutreten, waren Scheingründe. Er handelte lediglich im Interesse der mächtigen Hochfinanz der Wallstreet. Der große Gewinn, den Amerika aus dem Weltkrieg gezogen hat, ist, daß die USA nahezu 50 Prozent des Goldes der ganzen Welt an sich ziehen konnten, so daß jetzt der Dollar anstelle des englischen Pfund den Wechselkurs in der Welt bestimmt."
Kaiser Wilhelm II., „Ereignisse und Gestalten aus den Jahren 1878-1918", S. 264 und 271

„Der 1918 neu gegründete Staat Polen bekommt von den Siegermächten des Ersten Weltkrieges Land und Menschen aus der Nachbarbevölkerung zugesprochen. Darunter befinden sich viele Millionen Menschen, die keine Polen sind und es auch nicht werden wollen."
Gerd Schultze-Rhonhof, „Der Krieg, der viele Väter hatte", S. 358

Der englische Premier Lloyd George bewertet die polnischen Aufstände unter Korfanty in Oberschlesien wie folgt: „Die Alliierten haben durch eine allgemeine Entscheidung bestimmt, daß die Teile Oberschlesiens, die überwiegend für Polen gestimmt haben, an Polen gegeben werden sollen. Jetzt haben die Polen einen Aufstand veranstaltet und die Alliierten vor ein ‚fait accompli' (vollendete Tatsachen; d. Verf.) gestellt. Dieser Schritt war ein vollständiger Bruch des Friedensvertrages von Versailles… Polen ist das letzte Land, das versuchen dürfte, gegen den Vertrag von Versailles zu verstoßen… Wenn Polen Erlaubnis bekäme, diese deutschen Provinzen zu überrennen, so würde das ein böses Ende nehmen…!"
Lloyd George in einer Rede vor dem englischen Unterhaus am 13. 5. 1921

„Lange, bevor Hitler als Parteiredner auftauchte, wurden im Frühjahr 1921 in der Stadt Posen Plakate geklebt und Flugblätter verteilt, auf denen zu lesen war: ‚Mit diesem Besen werden wir die letzten Deutschen aus Polen hinaus fegen. Wer noch im Juli da ist von dem deutschen Gesindel, wird ohne Ausnahme niedergemacht, und die größten Hakatisten werden mit Benzin, Petroleum und Teer begossen, angesteckt und verbrannt… Jetzt kommt ihr alle dran, alle Ärzte, Pastoren, Rechtsanwälte, Domänenpächter, Ansiedler, Besitzer aller Art – wer Deutscher oder Jude ist."
Siegfried Heppner, „Die mitteleuropäische Slawenfrage", 1995, S. 110

Die polnische Zeitung „Dzien Polski" schrieb 1923: „Die Besitzergreifung des Memellandes (durch Litauen; d. Verf) ist die Probeaktion auf die einmal unabwendbar kommende Besitzergreifung Ostpreußens durch Polen."
Udo Walendy, „Wahrheit für Deutschland", 1964, S. 121

Der stellvertretende polnische Generalkommissar in Danzig, Lalicki, im Jahre 1932: „Wir können heute den Tag und die Stunde nicht nennen, an welchem der Versailler Friedensvertrag korrigiert wird. Nicht nur die Polen aus Danzig (der polnische Bevölkerungsanteil betrug 3,3 %; d. Verf.), sondern auch die von germanischem Haß geknechteten Brüder in Ostpreußen kehren wieder in den Schoß des Vaterlandes zurück. Es kommt der Tag – ja, er ist schon angebrochen –, daß Danzig dem Vaterlande zurückgegeben wird."
Udo Walendy, „Wahrheit für Deutschland", 1964, S. 123

„Die Versailler Konferenz ähnelte einem Gericht, wo den Angeklagten das Recht auf jede Verteidigung verweigert wurde… Nur der Franzose Clemenceau rieb sich in Genugtuung die Hände, ohne sich bewußt zu sein, daß ihm sein Meisterstück zum Urheber des Zweiten Weltkrieges machen sollte… Indessen ist der Versailler Vertrag Geschichte geworden, nicht aber die Frage der Alleinschuld am Ersten Weltkrieg, die im geschichtlichen Bewußtsein der alliierten Völker weiterlebt und infolge der ‚reeducation‘ auch von vielen Deutschen selbst geglaubt wird… Ein Zauberstück der Friedensverbrecher war die Gründung der Tschechoslowakei, eines Volkes, das es nie vorher in der Geschichte gab… Der Entschluß der Alliierten in der Frage Oberschlesiens ist eines der Musterbeispiele dafür, daß die westlichen Demokratien das von ihnen selbst als heilig erklärte ‚Selbstbestimmungsrecht der Völker‘ nur dann respektieren, wenn es ihren Interessen nicht widerspricht…“
Ferdinand Otto Miksche, „Das Ende der Gegenwart“, S. 31 f.

„Das einzige Interesse Frankreichs an Polen besteht in der Schwächung Deutschlands, indem Polen Gebiete zugesprochen werden, auf die es kein Anrecht besitzt.“
US-Präsident Woodrow Wilson am 7. 4. 1919

„Man mußte siegen, siegen um jeden Preis… Um zu siegen, mußte man vor allem hassen, dem Feind alles Hassenswerte zumuten… Damals malte man die Deutschen als Barbaren der Kultur, als die Wurzel aller Übel der Menschheit. Es gab keine Grausamkeit, die man ihnen nicht zuschrieb, und wenn sie keine wehrlosen Frauen erschossen, hackten sie den Kindern die Hände ab. Vor allem ist die Legende von den abgehackten Kinderhänden während des Krieges ausgeschlachtet worden… als unwiderlegbarer Beweis der Hunnennatur… Sofort nach dem Kriege wollte ich mich von der Wahrheit all dieser Anschuldigungen versichern und beauftragte mehrere meiner Freunde mit den nötigen Nachforschungen nach Zeit, Ort, Namen.
Lloyd George (ehemaliger engl. Premier; d. Verf.) hatte denselben Gedanken und verhörte auf seiner Reise in Belgien alle nur möglichen Zeugen über die ‚schrecklichen Amputationen‘. Aber weder mir noch ihm ist es gelungen, auch nur einen einzigen Fall als tatsächlich festzustellen.“
Francesco Nitti, „Die Tragödie Europas - und Amerika?“, 1924, S. 39-56

Im Jahre 1919 schrieb die „Times“: „Sollte Deutschland in den nächsten 50 Jahren wieder Handel zu treiben beginnen, dann haben wir diesen Krieg umsonst geführt.“
Heinrich Prinz zu Löwenstein, „Deutsche Geschichte“, Frankfurt/Main 1950, S. 474

Obgleich 353.000 Deutsche (96,7 %) und 12.000 Polen (3,3 %) im „Freistaat“ Danzig lebten, erklärte der polnische Minister Plucinski laut „Gazeta Warszawska“ vom

29. 6. 1922: „Der Völkerbund hat die Selbständigkeit Danzigs gewährleistet. Polen aber erkennt diese im Grunde nicht an und möchte Danzig je eher desto lieber Polen einverleiben."
Oscar Reile, „Der deutsche Geheimdienst im Zweiten Weltkrieg", München, 1989, S. 29

Der damalige Hochkommissar des Völkerbundes für Danzig, der Schweizer Burckardt, stellte bereits im Januar 1921 fest: „Polen geht darauf aus, den völkischen Charakter Danzigs zu vernichten und es praktisch der polnischen Republik einzuverleiben."
ebenda, S. 29

Polens Außenminister Zaleski gegenüber dem Danziger Senatpräsidenten im September 1930: „Nur ein polnisches Armeekorps kann die Danziger Frage lösen."
ebenda, S. 21

Parolen polnischer Demonstranten im Mai 1937:
„Wir wollen nach Danzig marschieren. Schlagt die Hitleristen tot."
ebenda, S. 217

„Eine polnische Armee marschierte in die junge Sowjetunion hinein und bemächtigte sich 1920/21 weiter Gebiete der Ukraine, Weißrußlands und Litauens... Das, was man später als ‚Ostpolen‘ bezeichnete, hat es im Grunde nie gegeben; es war samt und sonders in den Jahren 1920/21 geraubtes Gebiet... So wurden insgesamt bis zum Jahre 1934 zirka eine Million Volksdeutsche aus Polen vertrieben... Als dann im März 1939 die Engländer den Polen die sogenannte ‚Garantieerklärung‘ gaben, wurde ganz Polen von einer unfaßbaren Kriegsbegeisterung erfaßt... Die Armee wurde teilmobilisiert... die Drangsalierung der Volksdeutschen erreichte einen neuen Höhepunkt... Der polnische Außenminister drohte Deutschland offen mit Krieg."
„Polen unser Nachbarstaat", in: „Kein Dogma, kein Verbot, kein Tabu", Verlag Pour le Mérite, 2008, S. 147-151

„Die natürliche Grenze Polens ist im Westen die Oder, im Osten die mittlere und untere Düna."
Heinz Splittgerber, „Unkenntnis oder Infamie", S. 6

Nach der Eroberung der Westukraine 1920 durch Polen östlich der „Curzon-Linie" berichtet der französische Slawistikprofessor Martel: „Es wurde erschossen, gehängt, gefoltert, eingesperrt, beschlagnahmt... Viele ukrainische Priester

wurden hingerichtet. Um Überfüllungen zu vermeiden, machten die Polen keine Gefangenen... Die Gefängnisse von Lemberg quellen über von Ukrainern aller Schichten..., deren einziges Verbrechen darin bestand, Ukrainer zu sein oder ukrainisch zu sprechen."
Gerd Schultze-Rhonhof, „Der Krieg, der viele Väter hatte", S. 392

Am 9. 9.1925 war in der polnischen Zeitung „Gazeta Gdansk" zu lesen: „Polen muß darauf bestehen, daß es ohne Königsberg, ohne ganz Ostpreußen nicht bestehen kann. Wir müssen jetzt in Locarno fordern, daß ganz Ostpreußen liquidiert wird... Sollte dies nicht auf friedlichem Wege geschehen, dann gibt es ein zweites Tannenberg (Ort des polnischen Sieges 1410 über den Deutschen Orden; d. Verfasser)..."
Gerd Schultze-Rhonhof, „Der Krieg, der viele Väter hatte", S. 401

Der dt. Reichsaußenminister Gustav Stresemann am 7. 9. 1925:
„Eine meiner wesentlichen Aufgaben ist die Korrektur der Ostgrenzen: Die Wiedergewinnung Danzigs, des polnischen Korridors und eine Korrektur der Grenzen Oberschlesiens:... Daß wir die Grenzen im Osten nicht anerkennen, habe ich zum Leidwesen der polnischen Regierung einst in einer öffentlichen Rede im Auswärtigen Ausschuß zum Ausdruck gebracht, als ich erklärte, daß keine deutsche Regierung von den Deutschnationalen bis zu den Kommunisten jemals die Grenze des Versailler Vertrages anerkennen würde."
ebenda, S. 397

Die Krakauer Zeitung „Illustrowany Kurjer Codzienny"am 20. 4. 1929:
„Weg mit den Deutschen hinter ihre natürliche Grenze! Fort mit ihnen hinter die Oder!"
„Der Kampf zwischen Polen und Deutschland ist unausbleiblich. Wir müssen uns systematisch vorbereiten. Unser Ziel ist ein neues Grunwald (polnischer Name für Tannenberg 1410; d. Verf.), aber diesmal ein Grunwald in den Vororten von Berlin... Unser Ideal ist ein Polen im Westen mit der Oder und Neisse als Grenze..."
Zitat aus „Münchener Neueste Nachrichten", 3. 10. 1930, Warschauer Blatt „Liga der Großmächte", zitiert in: Günter Grossmann, „Antigermanismus im 20. Jahrhundert", S. 82

Der spätere polnische Außenminister Beck in zwei Briefen an den polnischen Staatspräsidenten Pilsudski: „Wenn es den Leitern der Außenpolitik der Republik gelungen ist, die Sicherheit der Ostgrenzen zu garantieren, so kann diese Tatsache nur eine Bedeutung haben: Sie macht uns die Hände gegenüber Deutschland frei." Mit diesen Briefen forderte Beck, mit Blick auf den Nichtangriffspakt mit der Sowjetunion, den sofortigen Angriff auf Deutschland. Die Lage für einen Krieg sei

jetzt so günstig wie nie, die Befreiung der polnischen Territorien vom deutschen Joch anzugehen. Die Armee sei bereit... Wenn das nicht erkannt wird, werden weder wir noch unsere Kinder Groß-Polen erleben."
Stefan Scheil, „Churchill, Hitler und der Antisemitismus", S. 147 und 149

„Die Deutschen sind ein sehr geduldiges Volk. Ich kann mir auch nicht einen Augenblick lang vorstellen, daß Großbritannien zwanzig Jahre lang ruhig zugesehen hätte, wie drei und eine halbe Millionen Briten unter der Knute eines durch und durch verabscheuten Volkes lebten, das eine fremde Sprache spricht und eine völlig verschiedene nationale Weltanschauung hat. Soweit ich meine Landsleute kenne, wären sie nach wenigen Jahren gegen eine solche Vergewaltigung eingeschritten."
Kommentar des englischen Zeitungsmagnaten Lord Rothermere (1868-1940) am 6. 5. 1938 in der „Daily Mail" zur Lage der Sudetendeutschen in der Tschechoslowakei

„Im September 1934 kündigt Polen einseitig den Minderheitenschutzvertrag, den es 1919 auf Verlangen der Siegermächte hatte schließen müssen... Polens Art, mit seinen 10 Millionen Bürgern fremder Muttersprache umzugehen, ist der Brandbeschleuniger zum Ausbruch des Krieges am 1. 9. 1939."
Gerd Schultze-Rhonhof, „Der Krieg, der viele Väter hatte", S. 526

„Die Errichtung einer deutschen Vorherrschaft in Europa, die das Ziel und der Traum des alten Vorkriegsmilitarismus war, ist nicht einmal am Horizont des Nationalsozialismus vorhanden."
Lloyd George am 17. 9. 1934 im „Daily Express"

Der „Manchester Guardian" kritisiert am 14. 12. 1931 die polnische Minderheitenpolitik: „Die Minderheiten in Polen sollen verschwinden. Diese Politik wird rücksichtslos vorangetrieben, ohne die geringste Beachtung der öffentlichen Meinung in der Welt, der internationalen Verträge und des Völkerbundes. Die Ukraine ist unter polnischer Herrschaft zur Hölle geworden. Von Weißrußland kann man dasselbe mit noch größerem Recht sagen. Das Ziel der polnischen Politik ist das Verschwinden der nationalen Minderheiten auf dem Papier und in der Wirklichkeit."
Gerd Schultze-Rhonhof, „Der Krieg, der viele Väter hatte", S. 391

Der südafrikanische Staatsmann General Jan Chr. Smuts am 12. 11. 1934 in einer Rede in London: „Die Zeit ist reif für einen wirklichen Frieden, den wir eingestandenermaßen in Versailles nicht zustande gebracht haben."
Gerd Rühle, „Das Dritte Reich", Band II, S. 365

Nach dem Versailler Diktat hat Polen mehrmals sowohl zur Zeit der Weimarer Republik als auch nach der Machtübernahme Hitlers Frankreich zu einem gemeinsamen Krieg gegen Deutschland aufgefordert.

Im Oktober 1930 schrieb die Pilsudski nahestehende Zeitschrift „Die Liga der Großmacht": „Der Kampf zwischen Deutschland und Polen ist unausbleiblich. Wir müssen uns dazu systematisch vorbereiten. Unser Ziel ist ein neues Grunwald (Sieg über den Deutschen Ritterorden 1410; d. Verf.), aber diesmal ein Grunwald in den Vororten Berlins... Unser Ziel ist ein Polen im Westen mit der Oder und Neisse als Grenze... In einem Krieg mit Deutschland wird es keine Gefangenen geben, und es wird weder für menschliche noch kulturelle Gefühle Raum geben. Die Welt wird zittern vor dem deutsch-polnischen Krieg. In die Reihen unserer Soldaten müssen wir übermenschlichen Opfermut und den Geist unbarmherziger Rache und Grausamkeit tragen. Von heute an wird jede Nummer dieses Blattes dem kommenden Grunwald in Berlin gewidmet sein."

„Der Große Wendig", Band 1, S. 525/526

„Wenn die englische Regierung wirklich wünscht, etwas zur Förderung des Friedens zu tun, dann sollte sie die Führung übernehmen und die Frage Danzigs und des Korridors ihrerseits wieder aufrollen, solange die Siegerstaaten noch überlegen sind! Wenn diese Fragen nicht gelöst werden, kann keine Hoffnung auf einen dauerhaften Frieden bestehen."

Winston Churchill am 24. 11. 1932 vor dem englischen Unterhaus

1931 erklärte der ehemalige polnische Außenminister Dmowski, die Judenfrage sei das größte Problem für die Zivilisation der ganzen Erde, und er vertrat dabei den Standpunkt, daß nur die „völlige Austreibung" der Juden aus Polen die Judenfrage lösen könne. Im Dezember 1937 fragte der polnische Außenminister Beck seinen Gast, den französischen Außenminister Delbos, ob er einverstanden sei, daß alle polnischen Juden auf die Insel Madagaskar auswanderten.

Gerd Schultze-Rhonhof, a.a.O., S. 394

Lord Lothian, der spätere britische Botschafter in Washington, sagte in einer Rede am 29. 6. 1937 in Chatam House in London: „Wenn wir das Prinzip der Selbstbestimmung der Völker zugunsten Deutschlands anwenden würden, so wie es zu seinen Ungunsten in Versailles angewandt worden ist, würde das Ergebnis folgendes sein:

1. Wiedervereinigung Österreichs mit Deutschland
2. Rückkehr der Sudetendeutschen, Danzigs und des Memellandes ins Reich
3. Gewisse Regelungen mit Polen in Schlesien und dem Korridor.

Hamilton Fish, „Der zerbrochene Mythos", Tübingen, 1989, S. 135

Lazar Kaganowitsch, der Schwager Stalins und Chef des Politbüros, am 27. 1. 1934 in der „Iswestija": „Ein neuer deutsch-französischer Krieg würde den Interessen der Sowjetunion sehr entgegenkommen."
Emil Maier-Dorn, „Alleinkriegsschuld", S. 34

„Die Siegermächte des Vertrages von Versailles versprachen den Deutschen feierlich, man werde abrüsten, wenn Deutschland mit der Abrüstung vorangehe. Vierzehn Jahre hat Deutschland nun auf die Einhaltung dieses Versprechens gewartet... Können wir uns denn wundern, daß die Deutschen schließlich zu einer Revolution und Revolte gegen diese chronische Betrügerei der großen Mächte getrieben wurden?"
Der frühere britische Premierminister Lloyd George am 29. November 1934 vor dem Unterhaus

Im „Daily Express" vom 17. 9. 1936 berichtet der frühere englische Premier David Lloyd George über seine Eindrücke von einem Besuch Deutschlands: „Ich bin eben von einem Besuch in Deutschland zurückgekehrt. Ich habe jetzt den berühmten deutschen Führer gesehen und auch etliches von dem großen Wechsel, den er herbeigeführt hat... Es besteht kein Zweifel, daß er einen wunderbaren Wandel im Denken des Volkes herbeigeführt hat... Zum ersten Mal nach dem Krieg herrscht ein allgemeines Gefühl der Sicherheit... Über das ganze Land verbreitet sich die Stimmung allgemeiner Freude. Es ist ein glückliches Deutschland, und Engländer, die ich während meiner Reise traf und die Deutschland gut kannten, waren von dem Wandel tief beeindruckt... Die Tatsache, daß Hitler sein Land von der Furcht einer Wiederholung jener Zeit der Verzweiflung, der Armut und Demütigung erlöst hat, hat ihm unumstrittene Autorität verschafft... Er ist der George Washington Deutschlands, der Mann, der seinem Land die Unabhängigkeit von allen Bedrückern gewann."
Josef A. Kofler, „Die falsche Rolle mit Deutschland", 2008, S. 96

21. 5. 1938: Die Tschechoslowakei verkündet die Mobilmachung.

22. 5. 1938: Der US-Botschafter in Paris, W. C. Bullitt, schreibt an US-Präsident Roosevelt, daß die tschechische Mobilmachung „als Anstiftung zum Krieg in Europa aufgefaßt werden muß..."
R. Jung, „Die Tschechen", S. 151/152

Auf Druck Englands und Frankreichs, basierend auf dem sogenannten „Runciman-Bericht", wird am 21. 9. 1938 vom tschechischen Präsidenten Beneš ein Vorvertrag zur Abtretung der 1919 annektierten sudetendeutschen Gebiete an Deutschland unterzeichnet. Am 28. 9. 1938 wird das Münchener Abkommen geschlossen, dessen Artikel 2 lautet: „Das Vereinigte Königreich, Frankreich und Italien vereinbaren, daß die Räumung der Sudetendeutschen Gebiete bis zum 10. Oktober vollzogen wird..."

„Den Sudetendeutschen ist durch das Münchener Abkommen Recht widerfahren."
Winston Churchill in der „Züricher Zeitung" am 24. 10. 1938

„In Wahrheit war das Münchener Abkommen vom 30. 9. 1938 zwischen Frankreich, Italien, Deutschland und England das deutlichste Beispiel der Geschichte für Verhandlungen auf hoher Ebene; es berichtigte ein 20 Jahre altes Unrecht und beseitigte damit vollkommen und erfolgreich eine Kriegsursache."
Peter H. Nicoll, „Englands Krieg gegen Deutschland", S. 57

Bericht des deutschen Geschäftsträgers an der Botschaft in Washington, Hans Thomsen, an Minister von Ribbentrop in Berlin am 27. 3. 1939:
„Die Maßnahmen der amerikanischen Regierung in den letzten Wochen lassen immer deutlicher erkennen, daß der Führungsanspruch des Präsidenten Roosevelt... in das Ziel einmündet, das nationalsozialistische Deutschland mit allen Mitteln zu vernichten... Roosevelt ist davon überzeugt, daß Deutschland der Feind ist, der vernichtet werden muß, weil er das Gleichgewicht der Kräfte und den Status quo derartig empfindlich gestört hat, daß Amerika die Folgen zu spüren haben wird, wenn es nicht gelingt, das Praevenire zu spielen (von lateinisch ‚praevenire', für ‚zuvorkommen', ‚verhüten'; d. Verf.)."
Gerd Schultze-Rhonhof, „Der Krieg, der viele Väter hatte", S. 448

Als die deutsche Reichsregierung um ein Gespräch wegen Danzig bittet, antwortet Polen am 24. 3. 1939 mit einer Teilmobilmachung seines Heeres und dem Aufmarsch von Truppen vor den Toren Danzigs.
ebenda, S. 432

Der britische Botschafter in Berlin Neville Henderson am 9. 3. 1939 an seinen Außenminister:
„Ich bekenne, daß es mir immer als leichtfertig irreführend erscheint, von Deutschland zu sprechen, als ob es nach der Weltherrschaft strebe.".
Emil Maier-Dorn, „Anmerkungen zu Sebastian Haffner"

Die englische Garantieerklärung Chamberlains vom März 1939 an Polen kommentierte der stellvertretende Vorsitzende der Labour Party, Arthur Greenwood, „sie könne sich als die folgenschwerste Erklärung erweisen, die seit 25 Jahren... abgegeben worden ist."
N. Baker, „Menschenraub - Wie der Zweite Weltkrieg begann und die Zivilisation endete", S. 142

„Wir sind bereit zu jedem Kriege, sogar mit dem stärksten Gegner."
Die polnische Zeitung „Polska Zbrojna", 25. 3. 1939

Die polnische Zeitung „Dzienik Posnanski" zeigte am 26. 6. 1939 eine Karte der historischen Gebietsansprüche Polens, auf der die Westgrenze Polens über Bremen, Hannover, Göttingen, Fulda, Würzburg und Erlangen verläuft.
Lindenblatt, B./Bäcker, O., „Bromberger Blutsonntag", Kiel, 2001, S. 77

Der flämische Schriftsteller Ward Hermans schreibt am 3. 8. 1939 über die Geistesverfassung der Polen: „Die Polen haben das letzte Gefühl für Maß und Größe verloren. Jeder Ausländer, der in Polen die neuen Landkarten betrachtet, worauf ein großer Teil Deutschlands bis in die Nähe von Berlin, weiter Böhmen, Mähren, die Slowakei und ein riesiger Teil Rußlands in der überaus reichen Phantasie der Polen schon annektiert sind, muß denken, daß Polen eine riesige Irrenanstalt geworden ist."
Emil Maier-Dorn, „Alleinkriegsschuld, Unkenntnis oder Feigheit?", S. 44

„Im Namen der Liebe, mit der Du uns liebst, möge der Feind dahinsinken wie das Gras, das von der Sense Deiner Gerechtigkeit berührt wird. Mögen ihre Frauen und ihr Land unfruchtbar werden, mögen ihre Kinder betteln gehen und ihre Töchter der Schändung anheimfallen. Mögen ihre Kugeln und Geschosse ins Gras fallen wie die Lämmchen und mögen die unsrigen aus ihnen wie die Tiger das Herz herausreißen, und mögen sie endlich erblinden..."
Der polnische Priester Mieszko Uszerski, 1939, zitiert in: „Deutsche Wochenzeitung", 22. 1. 1971

Der polnische Außenminister Beck am 5. 5. 1939:
„Die polnische Vorherrschaft in Danzig ist die Erfüllung einer alten polnischen Tradition."
Helmut Fechner, „Deutschland und Polen", Würzburg, 1964, S. 508

„Die Sieger haben Unrecht gehabt, den Polnischen Korridor zu schaffen. Sie haben ein großes, ein sehr großes Verbrechen begangen gegen das Recht und gegen die Menschlichkeit, als sie Ostpreußen von Deutschland abtrennten. Man zerschneidet nicht einen Staat in zwei Teile..."
René Martel, „La Pologne et nous", Paris, 1928, S. 240 und 243

Am 20. 6. 1939 schreibt die polnische Wochenzeitschrift „Norod w walce" (dt., „Volk im Krieg"):
„Danzig muß polnisch bleiben, und Deutschland muß gezwungen werden, den ostpreußischen Raum ohne Bevölkerung abzutreten."
Gerd Schultze-Rhonhof, „Der Krieg, der viele Väter hatte", S. 402

Zur Frage der Rückkehr der deutschen Stadt Danzig ins Reich und nach exterritorialen Transitwegen durch den sog. Korridor nach Ostpreußen schreibt der englische Bot-

schafter Henderson am 4. 5. 1939 aus Berlin an seinen Außenminister Lord Halifax in London:
„Wieder einmal ist die deutsche Sache weit davon entfernt, ungerechtfertigt oder unmoralisch zu sein... Meine These war immer, daß Deutschland nicht zur Normalität zurückkehren kann, solange nicht seine legitimen Forderungen erfüllt sind... Die Danzig-Korridor-Frage war zusammen mit dem Memel-Problem eine von diesen."
Gerd Schultze-Rhonhof, „Der Krieg, der viele Väter hatte", S. 426

Die polnische Zeitung „Kurjer Polski" am 10. 8. 1939:
„Mit raschen Schritten nähert sich der Augenblick, in dem die Meinung über die Notwendigkeit der Beseitigung des ‚Pestherdes' im Zentrum Europas Allgemeingut wird. Dann wird von Deutschland nur noch ein Trümmerhaufen übrig bleiben."

„Wenn ein Waffenstillstand bewahrt werden soll – und dies ist die letzte Hoffnung – dann muß die Mißhandlung der deutschen Minderheit in Polen beendet werden."
Der britische Botschafter in Berlin, Henderson, am 16. 8. 1939 an seine Regierung, in: „Documents of Foreign Policy 1919-1939"

„Das Deutschtum hatte sich, seitdem es den Polen ausgeliefert worden war, um drei Viertel seines Bestandes vermindert. In einem Austreibungs- und Vernichtungsprozeß ohnegleichen war in etwas über 10 Jahren ein Volkstum bis auf ein Viertel ausgerottet worden."
Prof. Dr. Freiherr Bolko v. Richthofen, „Die polnische Legende", Teil 2, Kiel, 2001, S. 209

Ein ganzes Netz von Gesetzen und Verordnungen, vor allem das berüchtigte „Grenzzonengesetz", war darauf angelegt, die Deutschen zu enteignen, auszuweisen oder zu zerschlagen.
Lindenblatt, B./Bäcker, Otto, „Bromberger Blutsonntag", Kiel, 2001, S. 56

US-amerikanischer Protest gegen die Kriegstreiber in den USA: „Danzig ist deutsch! Wenn Hitler Danzig will und die Danziger zu Hitler wollen, dann sehen wir nicht ein, warum ein Krieg ihn daran hindern soll... Danzig ist für England nicht den Knochen eines einzigen britischen Soldaten wert."
„New York Daily News", 1. 7. 1939

„Der August 1939 war ein in jeder Hinsicht turbulenter Monat... Die Verfolgung der Deutschen in Polen und die Fluchtwelle von Volksdeutschen aus Polen in das Reichsgebiet erreichten ihren Gipfel... Bemerkenswert ist die Tätigkeit des schwedischen Industriellen Birger Dahlerus. Er schlug ein geheimes deutsch-

britisch-französisch-italienisches Gespräch über eine friedliche Beilegung der Streitigkeiten vor. Die deutsche Seite sagte sofort zu. England ließ wissen, daß mit einer Antwort erst nach Ablauf einiger Zeit zu rechnen sei. Die Engländer und Franzosen verhandelten nämlich zu der Zeit mit den Sowjets in Moskau, um ein Kriegsbündnis gegen Deutschland abzuschließen. So waren sie zu dieser Zeit nicht an einer Verhandlungslösung interessiert."
Gerd Schultze-Rhonhof, „Der Krieg, der viele Väter hatte", S. 485 f.

Über die Berechtigung der deutschen Forderungen auf Rückgliederung Danzigs urteilt der britische Historiker A. J. P. Taylor, wobei er ausdrücklich sogar Hitlers Zurückhaltung hervorhebt:
„Hitlers Ziel war ein Bündnis mit Polen, nicht seine Zerstörung… Denn Danzig war von den deutschen Beschwerden die berechtigste. Eine Stadt mit ausschließlich deutscher Bevölkerung, die ganz offenbar zum Reich zurückkehren wollte… Die Zerstörung Polens war nie ein Teil seines ursprünglichen Planes gewesen. Im Gegenteil, er hatte die Danzig-Frage so lösen wollen, daß Deutschland und Polen Freunde bleiben könnten… Bis zur allerletzten Minute baute er auf das polnische Angebot, das niemals kam."
A. J. P. Taylor, „Die Ursprünge des Zweiten Weltkrieges", S. 270, 277, 321

Lloyd George am 3. 10. 1939 im englischen Unterhaus: „Aus Presseberichten geht eindeutig hervor, daß es zwischen Rußland, Deutschland und Italien eine Diskussion über Details der Friedensbedingungen gegeben hat. Er frage sich, ob das Parlament nicht zu einer Geheimsitzung zusammentreten solle, um etwaige Angebote zu erörtern; er halte es für ganz wichtig, nicht voreilig abzulehnen!" (Was dann wenig später geschah; d. Verf.)
Nicholson Baker, „Menschenrauch – Wie der Zweite Weltkrieg begann und die Zivilisation endete", 2009, S. 170

„Macht euch fertig zum Kampf mit Deutschland, denn ‚Germaniam esse delendam!'… Sucht euch die Entschädigung selbst aus, nehmt euch in Deutschland, was ihr wollt, ihr sollt es haben…"
Ulrich Bäcker, „Roosevelts Mordquartett", S. 9

Aus einem Bericht des polnischen Botschafters in Washington, Graf Jerzy Potocki, geht hervor, daß bereits am 21. 11. 1938, während der Sudetenkrise, der amerikanische Botschafter in Paris, William C. Bullitt, den Polen versicherte, sein Land werde ihnen im Kriegsfall beistehen, „aber erst dann, wenn England und Frankreich zuerst losschlagen".
ebenda, S. 29

„Das allerletzte, was Hitler wünschte, war, auf einen großen Krieg hinzusteuern. Sein Volk und besonders seine Generale, waren von einer tiefen Furcht vor einem solchen Risiko erfüllt."
B. H. Liddell Hart, „History of the Second World War", New York, 1970

„Daher begann der Zweite Weltkrieg, als die englische Regierung dem polnischen Festhalten am Korridor ihre uneingeschränkte Unterstützung gab."
Russell Grenfell, „Bedingungsloser Haß", S. 26

„Die Polen gegebene Garantie war der sicherste Weg, um eine frühe Explosion zu verursachen und einen Weltkrieg."
B. H. Liddell Hart, „History of the Second World War", S. 11/12

„Wenn es doch zu einem Krieg kommen sollte, müsse dieses Mal mit den Boches so verfahren werden, daß sie sich durch mehrere Generationen hindurch nicht mehr erholen können. Wir werden sie in Stücke zerreißen, damit mit ihnen wenigstens auf ein Jahrhundert Ruhe ist."
Winston Churchill 1938 in einem Gespräch mit dem tschechischen Botschafter Hubert Ripka in London, in: Stefan Scheil, „Churchill, Hitler und der Antisemitismus", Duncker Verlag, Berlin, 2008, S. 209

„Man kann Hitlers System verabscheuen und dennoch seine politische Leistung bewundern. Wenn unser Land besiegt werden würde, hoffe ich, daß wir einen ebenso bewundernswerten Vorkämpfer finden, der uns wieder Mut gibt und uns auf unseren Platz unter den Nationen zurückführt."
Winston Churchill in einer Rede am „Armistice Day" 1937, in: Peter H. Nicoll, „Englands Krieg gegen Deutschland", S. 42

„Das deutsche Blut wird in einem kommenden Krieg in solchen Strömen vergossen werden, wie das seit der Entstehung der Welt noch nicht gesehen worden ist."
Die Warschauer Zeitung „Depeza" am 20. 8. 1939

Wir sind in diesem Land bereits während eines langen Zeitraumes mit einem großen Wiederaufrüstungsprogramm beschäftigt, das an Umfang ständig zunimmt."
Am 22. 2. 1939 sagte er: „Die Zahlen unserer Aufrüstung sind in der Tat überwältigend."
Der britische Historiker Saunders: „Wer die deutschen Aufrüstungsbestrebungen der Jahre 1936-1939 mit einem Wettrüsten zum Angriffskrieg vergleicht, der hat den Blick für die Realität verloren oder tut dies in böswilliger Absicht."
Premier Winston Churchill am 3. 10. 1938

Der britische Außenminister Halifax in seinen Memoiren „Fullness of Days": „Ich war bereits 1936 zu einem neuen Krieg zwischen England und Deutschland entschlossen."

Karl Seeger, „Generation ohne Beispiel", Verlag für Zeitgeschichte, 1991, S. 246

„Es gibt keine andere Alternative: Deutschland muß verrecken! – Der Vergleich des deutschen Volkes mit der wilden Bestie ist keineswegs pöbelhaft. Ich empfinde für diese Menschen keinen größeren Haß als ich einem Rudel wilder Tiere oder einem Knäuel giftiger Reptilien entgegen bringe… Wenn das deutsche Volk immer wieder den Versuch unternimmt, die Seelen anderer Völker mit seinem stinkenden Dunst zu vernebeln, mit dem es sich selbst umgibt, dann wird es Zeit, dieses Volk aus der Umgebung der zivilisierten Menschheit zu entfernen, in der es kein Recht für seine Existenz geben darf… Sie (die Deutschen, der Verf.) haben das Verlangen, Menschen zu sein, verloren. Sie sind nichts anderes als Bestien – Sie müssen als solche behandelt werden.

Theodore Nathan Kaufmann in „Germany must perish", 1941, in: Ulrich Bäcker, „Roosevelts Mordquartett, 2007, Seite 93

„Wir müssen das deutsche Volk entweder kastrieren oder … so behandeln, daß sie nicht länger Menschen erzeugen können."

Präsident Roosevelt gegenüber Henry Morgenthau, in: John Morton, „Deutschland ein Ackerland?", S. 342

„Die Lüge verdirbt das Herz, zerstört das Vertrauen unter den Menschen und stiftet unendliches Unheil."

Erzbischof Joseph Kardinal Frings, „Zum achten Gebot", 1956, Düsseldorf

„Der europäische Krieg, in dem England und Frankreich als seine Anstifter und eifrigen Förderer hervortreten, ist noch nicht zu einer tobenden Brandstätte entflammt, aber die anglofranzösischen Agressoren, die keinen Willen zum Frieden aufweisen, tun alles für die Stärkung des Krieges, für seine Ausweitung auf andere Länder."

PRAWDA-Artikel vom 7. 11. 1939, in: Stefan Scheil „1940/41 - Die Eskalation des Zweiten Weltkrieges", Olzog, 2009, S. 134

Premier Chamberlain glaubte daran, daß Hitler sich (um eine Friedensregelung in der Danzig-Frage, d. Verf.) bemühte: „Ich glaube, er wollte ernsthaft ein Abkommen mit uns und arbeitete ernsthaft an Vorschlägen… die aus seiner einseitigen Sicht geradezu großzügig aussehen mußten." Dennoch zeigte Chamberlain sich entschlossen, den Krieg gegen Deutschland jetzt aufzunehmen, unabhängig vom Inhalt dieser Vorschläge."

ebenda, S. 43

Kapitel IV
Der Zweite Weltkrieg – Gründe, Interessen, Ziele

„Dieser Krieg ist ein englischer Krieg und sein Ziel ist die Vernichtung Deutschlands."

Winston Churchill am 3. 9. 1939 nach der Kriegserklärung Großbritanniens an Deutschland

„Nie haben die Massen nach Wahrheit gedürstet. Von den Tatsachen, die ihnen mißfallen, wenden sie sich ab und ziehen es vor, den Irrtum zu vergöttern, wenn er sie zu verführen vermag. Wer sie zu täuschen versteht, wird leicht ihr Herr. Wer sie aufzuklären sucht, ist stets ihr Opfer."

Gustave Le Bon, „Psychologie des foules", 1895

Der frühere israelische Botschafter in Bonn, Asher ben Nathan, antwortete in einem Interview in der Fernsehsendung „Die Woche in Bonn" auf die Frage, wer 1967 den „Sechs-Tage Krieg" begonnen und die ersten Schüsse abgegeben habe: „Das ist ganz belanglos. Entscheidend ist, was den ersten Schüssen vorausgegangen ist."

„Wer zu den Quellen will, muß gegen den Strom schwimmen, nur so kann er sich von der verordneten geschichtlichen Amnesie befreien."

Gerard Radnitzky, „Das verdammte 20. Jahrhundert", Georg Ollms Verlag, Hildesheim, 2006

„Nur der Irrtum braucht die Stütze der Staatsgewalt. Die Wahrheit steht von alleine aufrecht."

Thomas Jefferson (1743-1826), 3. Präsident der USA

„Warschau hatte es in der Hand, das britische Empire in den Krieg zu ziehen… Der britische Minister und spätere Botschafter Duff Cooper drückte es so aus: Nie in der Geschichte habe England einer zweitrangigen Macht die Entscheidung darüber eingeräumt, ob Großbritannien in einen Krieg einzutreten habe oder nicht."
Ernst Freiherr v. Weizsäcker, „Erinnerungen", S. 213 ff.

„Natürlich ist es in Wirklichkeit so, daß England für seine Besitztümer und seinen Platz an der Sonne kämpft, genauso wie in der Vergangenheit. Ich nahm die Ausgabe der ‚Times' vom 5. August 1914 vor und verglich sie mit jener vom 4. September 1939, und sie sind praktisch identisch, abgesehen von dem Ersatz des Wortes ‚Nazi' für ‚Junker'. Ungeachtet des entsetzlich furchtbaren Verhaltens der Nazis ist es sicher Tatsache, daß die Engländer nicht gegen Hitler, sondern gegen die Deutschen kämpfen, gerade so wie sie vor fünfundzwanzig Jahren gegen sie kämpften, weil fünfundvierzig Millionen Briten und achtzig Millionen Deutsche, die Kontinentaleuropa beherrschen, nicht gelernt haben, miteinander in Frieden zu leben."
Der damalige US-Botschafter in London, Joe Kennedy (Vater von John F. Kennedy), in einem Brief vom 30. September 1939 an Präsident Roosevelt

„England hat es bewußt unterlassen, auf Polen, wo es inzwischen wieder zu chauvinistischen Ausdrücken, zu Foltern und Morden an Deutschen gekommen war, mäßigend einzuwirken… Es bleibt ein Rätsel, warum seitens Englands zu diesem Zeitpunkt keinerlei Druck auf die polnische Regierung ausgeübt wurde, um sie zu Verhandlungen zu bewegen."
Ferdinand Otto Miksche, „Das Ende der Gegenwart", S. 66 ff.

„Das Deutsche Reich und die Reichsidee sind seit 75 Jahren der Fluch, der auf der Welt lastet, und wenn wir sie dieses Mal nicht stoppen, dann stoppen sie uns. Der Feind ist das Deutsche Reich, und nicht etwa der Nazismus. Jede Möglichkeit für einen Kompromiß ist jetzt passé. Es muß ein Kampf bis zum Ende geführt werden, und zwar bis zum bitteren Ende… Wir haben mehr als genug von Friedensvorschlägen von Leuten wie Dahlerus, Goerdeler, Weißauer und Konsorten."
Dr. Olaf Rose, „Der Hetzer - Lord Vansittart und die britische Kriegspropaganda gegen Deutschland 1939", S. 156

„Das ist mein Krieg', rief der russische Botschafter 1914 in Paris stolz aus. ‚Das ist mein Krieg', so könnte auch Franklin D. Roosevelt von sich sagen, wenn er die Katastrophe betrachtet, die Europa heute zu verschlingen droht."
Ernest Lundeen, Senator von Minnesota, am 11. 7. 1940 im US-amerikanischen Senat in einer Rede in Anwesenheit des Präsidenten

Harry E. Barnes, amerikanischer Historiker, schrieb 1961: „Die letzte Verantwortung für den Ausbruch des deutsch-polnischen Krieges lag bei Polen und England, und für die Ausweitung dieses Konfliktes zu einem europäischen Krieg ist in erster Linie England verantwortlich... Hitler hatte Polen die größtmögliche Konzession angeboten, nämlich, die im Versailler Vertrag festgesetzte Grenze zu garantieren, die eine Weimarer Republik niemals unterstützt hätte. In der Tat, in Wirklichkeit war es Deutschland und nicht England, das Polen 1938 eine bona-fide Garantie angeboten hat".
Joachim Nolywaika, „Ostdeutsche Passion", Buchdienst DVG, 2004, S. 20

„Augsburger Allgemeine" vom 2. 1. 1971: „Geheimdokumente enthüllen: London wies 1940 Friedensfühler zurück. Das britische Kriegskabinett unter Winston Churchill wies im Juli und August 1940 mehrere von deutscher und neutraler Seite kommende Friedensangebote zurück. Dies geht aus bisher geheim gehaltenen britischen Kabinettspapieren des Jahres 1940 hervor, die jetzt nach der vorgeschriebenen 30-jährigen Sperre freigegeben wurden..."
Josef A. Kofler, „Die falsche Rolle mit Deutschland", Verlag Kofler, Stadtbergen, 2008, S. 44

„Zu den Kriegsursachen gehörte das brutal materielle Interesse der internationalen Hochfinanz, die mit dem Krieg tatsächlich so brillante Geschäfte machen sollte."
Michael v. Taube, „Der großen Katastrophe entgegen", Leipzig, 1937, in: Günter Grossmann, „Von Versailles bis Maastricht", S. 20

„Ein einziger Schlag gegen Polen, erst seitens der deutschen, dann seitens der Roten Armee, und nichts blieb übrig von dieser Mißgeburt des Versailler Vertrages, die ihre Existenz der Unterdrückung nichtpolnischer Nationalitäten verdankt hatte".
Der Vorsitzende des Rates der Volkskommissare, W. Molotow, am 31. Oktober 1939 vor dem Obersten Sowjet, in: Joachim Hofmann, „Stalins Vernichtungskrieg", S. 27

„Was wir wollen, ist, daß die deutsche Wirtschaft vollkommen zusammengeschlagen wird... Deutschland muß wieder besiegt werden und diesmal endgültig."
W. Churchill in einem Gespräch mit dem ehemaligen Reichskanzler Heinrich Brüning 1934, in: Stefan Scheil, „Churchill, Hitler und der Antisemitismus", Duncker Verlag, 2008, S. 215

„Stalin war ohne Zweifel ein Ungeheuer."
Henry Kissinger, „Vernunft", S. 351

„Man erinnere sich daran, daß der letzte Krieg darum ging, Deutschland zu zerbrechen."
Lord Beaverbrooks am 23. 3. 1958 in „Sunday Express"

„Jetzt hat Churchill seinen Krieg."
David Lloyd George, in: Stefan Scheil, „Churchill, Hitler und der Antisemitismus", S. 275

„Ich fürchte ein deutsches Friedensangebot mehr als einen Luftangriff."
Neville Chamberlain, in: Stefan Scheil, „Fünf plus Zwei", S. 268

„Deutschland wollte den Krieg nicht. Es war vor allem an jener Form von internationalen Beziehungen interessiert, dem Friedenskrieg, die ihm besonders günstig waren… Es lehnt den totalen Krieg ab, weil es ihn nicht führen kann."
Jean Paul Sartre, in: ebenda, S. 110

Senator Burton Wheeler, ein Demokrat aus Montana, hielt eine lange Rede gegen Roosevelts Leih- und Pachtgesetz. Es werde, sagte er, vom „internationalen Finanzwesen" unterstützt – von den Rothschilds, Warburgs, Sassoons –, die ihren Einfluß nutzten, um die Vereinigten Staaten in den Krieg zu ziehen". Es war der 14. 2. 1941.
Nicholson Baker, „Menschenrauch – wie der Zweite Weltkrieg begann und die Zivilisation endete", Rowohlt Verlag, 2009, S. 321

„Nicht Deutschland hat Frankreich und England angegriffen, sondern Frankreich und England haben Deutschland angegriffen und damit die Verantwortung für den gegenwärtigen Krieg auf sich genommen."
Stalin am 29. 11. 1939 in der „Prawda"

„Die deutsche Volksgruppe hat unzweifelhaft einen wirklichen Grund zur Klage. Unzufriedenheit und Abneigung bestehen unter der ganzen deutschen Bevölkerung. Das ist eine harte und eindeutige Tatsache. Selbst wenn es keinen Adolf Hitler oder kein Deutsches Reich gäbe, würde das für die tschechoslowakische Republik von Bedeutung sein."
„Daily Herald", 22. 3. 1938

„Es gibt keinen zweiten solchen Staat auf der Welt. Die Tschechoslowakei umfaßt gegen fünfzehn Millionen Einwohner verschiedener Nationalität. Es geht da vor allem um eine deutsche Minderheit von dreieinhalb Millionen, die niemals das Versailler System anerkannt hat und niemals anerkennen wird. Im Jahre 1919 wurde politische Gleichheit nach Schweizer Grundsätzen versprochen. Dieses Versprechen ist niemals erfüllt worden. Es muß erfüllt werden, und zwar vollständig, sonst wird keine Streitmacht der Welt unter den bestehenden Verhältnissen den so zusammengesetzten Staat aufrechterhalten können."
„Observer", 28. 3. 1938

„Die Fehler, die die Prager Regierung begangen hat, rächen sich jetzt grausam. Heute verspricht man viel mehr, als was bei rechtzeitiger Gewährung die dauernde Zufriedenheit des deutschen Volkes sichergestellt hätte."
„Le Peuple", Brüssel, 21. 3. 1938

„Die Frage, warum es zum neuen Weltkrieg kam, ist nicht nur damit zu beantworten, daß die Grundlage in den Friedensverträgen von 1919 gelegt wurde... oder in der uralten Politik Englands und Frankreichs. Der entscheidende Anstoß kam von jenseits des Atlantiks."
Sven Hedin, „Amerika im Kampf der Kontinente", Leipzig, 1942, S. 54

„Die Tatsache, daß das wahre Ziel der herrschenden polnischen Klasse keineswegs nationalistisch, sondern imperialistisch war, daß es die Herrschaft Polens über große Bevölkerungsgruppen fremder Abstammung einschloß, ist in Westeuropa niemals genügend verstanden worden."
Stefan Scheil, „Fünf plus Zwei", Duncker Verlag, Berlin, 2003, S. 52

Zur Erinnerung: Am 11. 3. 1941 billigte der amerikanische Kongreß das sogenannte „Pacht- und Leihgesetz". Aufgrund dieses Gesetzes konnten die USA ohne Bezahlung kriegswichtige Güter an Großbritannien liefern. Dies war eine Rüstungshilfe, die klar gegen das bestehende Völkerrecht verstieß. (Der Verfasser)

„Jedes Datum könnte für den effektiven Beginn des Krieges zwischen den USA und Deutschland genannt werden. Welches Datum man auch immer nimmt, die USA befanden sich de facto im Krieg mit Deutschland lange vor der deutschen Kriegserklärung... Es herrscht jetzt allgemeine Übereinstimmung darüber, daß der ‚Lend-Lease Act' (Pacht- und Leihvertrag) vom März 1941 praktisch eine Kriegserklärung gewesen ist."
B. Colby, „Roosevelts scheinheiliger Krieg", Leoni, 1977, S. 13

„Zehn Prozent unseres Volkes zwingen die Vereinigten Staaten geschickt in den Weltkonflikt, während die Mehrheit von 90 Prozent, die für den Frieden ist, schweigend und hilflos daneben steht."
Der Erzbischof von Cincinatti, John Mc. Nicholas, im Januar 1941, in: Sven Hedin, „Amerika im Kampf der Kontinente", S. 106 und 190

„Wir haben angefangen, Ziele auf dem deutschen Festland zu bombardieren, bevor die Deutschen begannen, Ziele auf dem britischen Festland zu bombardieren. Das ist eine historische Tatsache."
Der britische Völkerrechtsexperte und Unterstaatssekretär im britischen Luftfahrtministerium, in: J.F.C. Fuller, „Die entartete Kunst, Krieg zu führen", Köln, 1964, S.308

Am 13. 2. 1942 erfolgte eine neue Answeisung zur Führung des Luftkrieges durch das englische Kriegskabinett. Sie bestimmte, daß die Zivilbevölkerung das Hauptangriffsziel sein soll. Dazu schrieb der Chef der RAF (Royal Air Force), Sir Charles Portal, folgende Aktennotiz an Marschall Harris („Bomber Harris"; d. Verf.): „Ich hoffe, es ist klar, daß die Angriffspunkte die Wohngebiete sein sollen, und nicht z. B. Docks oder Fabriken."
Josef A. Kofler, „Die falsche Rolle mit Deutschland", 2008, S. 67

Zum Überfall auf die „friedliebende Sowjetunion": „Es ist heute zweifelsfrei erwiesen, daß Stalin über den deutschen Angriff vom 22. 6. 1941 genauestens unterrichtet war. Chruchtschow ließ daran ebenfalls keine Zweifel, Zitat: ‚Niemand, der auch nur den geringsten politischen Verstand besitzt, kann glauben, daß wir von einem unerwarteten, hinterhältigen Angriff überrascht worden sind.'"
Joachim Hofmann, „Stalins Vernichtungskrieg 1941-1945", S. 79

„Der sowjetische Aufmarsch sollte in letzter Absicht eine Großoffensive ermöglichen, mit oder ohne vorherigen deutschen Angriff. Der deutsche Angriff traf die Rote Armee in einem Zustand großer Verwundbarkeit, dem gerade in Gang befindlichen Aufmarsch."
Ernst Topitsch, „Stalins Krieg", S. 174/175

„Der vollständige Aufmarsch der sowjetischen Truppen an der deutschen Grenze war für den 10. Juli 1941 geplant. Nahezu ein halbes Jahr lang war das Eisenbahntransportwesen durch die geheimen Truppenverlegungen gelähmt."
Viktor Suworow, „Der Eisbrecher", Stuttgart, 1989, S. 249

„Im Februar 1941 ernannte Stalin Marschall Schukow zu seinem Generalstabschef. In dieser Funktion bereitete Schukow den Krieg gegen Deutschland vor. Stalin hatte den Befehl zur heimlichen Mobilmachung bewußt am 19. 8. 1939 erteilt. Von diesem Tag an war... der Krieg nicht mehr aufzuhalten. Deshalb ist der 19. 8. 1939 der Tag, an dem Stalin den Zweiten Weltkrieg auslöste. Die heimliche Mobilmachung sollte mit dem Angriff auf Deutschland und Rumänien am 6. 6. 1941 abgeschlossen werden."
Viktor Suworow, „Der Tag M", S.73/74; Viktor Suworow, „Der Eisbrecher", S. 429 ff.

Am 5. 5. 1941 hielt Stalin vor Absolventen der Militärakademien eine Rede, die nachstehend inhaltlich wiedergegeben wird - Auszug:
1. Aufruf, sich zum Krieg gegen Deutschland bereitzuhalten.
2. Ausführungen über die Kriegsvorbereitungen der Roten Armee.
3. Ära der Friedenspolitik der Sowjetunion ist vorüber. Notwendig ist Ausdehnung mit Waffengewalt gegen Westen.

4. Kriegsbeginn steht in nicht allzu ferner Zeit bevor.
5. Friedensvertrag mit Deutschland nur eine Täuschung.
Walter Post, „Unternehmen Barbarossa", Berlin/Bonn, 1996, S. 276; Joachim Hofmann, „Stalins Vernichtungskrieg", 1999/2003, S. 38

„Die Soldaten sind im Geiste eines aktiven Hasses auf den Feind zu erziehen..., zur Bereitschaft, unser Vaterland auf dem Territorium des Feindes zu verteidigen und ihm einen tödlichen Schlag zu versetzen."
Dimitri Wolkogonow, „Stalin - Triumph und Tragödie. Ein politisches Porträt", Düsseldorf, 1989, S. 557

Der englische Unterstaatssekretär Cardogan schrieb am 15. 5. 1940 in sein Tagebuch: „Kabinett beschloß heute Morgen, mit der Bombardierung des Ruhrgebietes anzufangen. Jetzt beginnt der totale Krieg."
N. Baker, „Menschenrauch - Wie der Zweite Weltkrieg begann und die Zivilisation endete", S. 207

Die Londoner Zeitschrift „The 19th Century", September 1943:
„England stand unter dem Zwang, das Gleichgewicht Europas aufrechtzuerhalten... Auch wenn Deutschland sein politisches System ändern würde, wäre dies kein Grund, um die britische Politik zu ändern. Der Friede muß durch die bleibende Realität der europäischen Situation bestimmt werden und nicht durch Phänomene wie Faschismus, Nationalsozialismus oder Kommunismus. Ein despotisches Deutschland, das nicht stark ist, ist besser als ein liberales Deutschland, das zu stark ist."
Joachim Nolywaika, „Deutschland als Opfer der Geschichte", 1998, S. 86 f.

„Die Sowjetunion hatte den Nichtangriffspakt mit Deutschland nur abgeschlossen, um Zeit zu gewinnen und um später, wenn die kämpfenden Parteien geschwächt waren, in den Krieg einzutreten und dann die Weltrevolution weiter auszubreiten."
Fritz Becker, „Im Kampf um Europa", Stuttgart, 1991, S. 250

„Während ich zu euch, Mütter und Väter, spreche, mache ich euch eine weitere Zusicherung. Ich habe bisher gesagt und werde es wieder und wieder und immer wieder sagen: Eure Jungs werden in keine fremden Kriege geschickt werden."
Roosevelt am 30. 10. 1940, in: Charles Callan Tansill, „Die Hintertür zum Krieg", S. 367

„Wenn wir je in diesen Krieg verwickelt werden, so wird er von den künftigen Geschichtsschreibern nur mit einem Namen bezeichnet werden, ‚der Krieg des Präsidenten', weil jeder seiner Schritte... auf den Krieg hinlenkte."
Der US-Senator Gerald P. Nye am 27. 4. 1941, in: Sven Hedin, „Amerika im Kampf der Kontinente", Kiel, 1992, S. 100 f.

1941 erschien in den USA das Buch „Germany must perish" (dt., „Deutschland muß zugrunde gehen"). Verfasser war Theodore N. Kaufman. Er propagierte darin die Massensterilisation der Deutschen. Bei 20.000 Operationen pro Tag bräuchte man etwa 1 Monat, um die gesamte Wehrmacht zu sterilisieren. Bei den Frauen würde es länger dauern, vielleicht 3 Jahre… Das Programm sei leicht umzusetzen… Bald würden die Deutschen ausgerottet sein.

Nicholas Baker, „Menschenrauch - Wie der Zweite Weltkrieg begann und die Zivilisation endete", Rowohlt Verlag, 2009, S. 331/332

In einer Rundfunkrede am 10. 11. 1941 warnte Churchill vor einer neuerlichen „Friedensoffensive" Deutschlands. Friedensgespräche seien ausgeschlossen, denn mit Hitler und anderen Vertretern des NS-Regimes werde man nicht verhandeln, mit niemand in Deutschland, der in der Lage wäre, die Einstellung der Kämpfe zu befehlen.

ebenda, S. 477

Am 4. 12. 1941 wurde der „Chicago Tribune" ein Dokument über Roosevelts Kriegspläne zugestellt. Geplant war demnach ein langwieriger Krieg, in dem die erste Landung nicht vor 1943 erfolgen sollte. Und es war ein Krieg gegen das deutsche Volk, durch Aushungern, durch Bomben und durch Propaganda. „Bei den Völkern der Achsenmächte (Deutschland, Italien und Japan; d. Verf.) muß man die Kampfmoral schwächen und durch subversive Umtriebe, durch Beeinflussung, Entbehrungen und das Werk der Zerstörung ihr Vertrauen erschüttern."

ebenda, S. 486

Vereinbarung der britischen und amerikanischen Stabschefs am 31. 12. 1941 in Wa-shington über ihre Hauptstrategie gegen Deutschland: „Bombardieren, Aushungern, Subversion und Sabotage, um den Ring gegen Deutschland zu schließen."

ebenda, S. 514

Am 18. 5. 1939 gab der polnische Kriegsminister General Kaspiprzycki in Paris den französischen Generalstabsoffizieren auf die Frage, ob die Befestigungen an der deutsch-polnischen Grenze einem Angriff standhalten könnten, zur Antwort: „Wir haben keine, denn wir beabsichtigen, einen Bewegungskrieg zu führen und von Beginn der Operationen an in Deutschland einzumarschieren."

Udo Walendy, „Wahrheit für Deutschland", 1964, S. 148

„Es wird die polnische Armee sein, die in Deutschland am ersten Tage des Krieges einfallen wird", so der polnische Botschafter in Paris, Lukasiewicz, gegenüber dem französischen Außenminister Bonnet am 15. 8. 1939.

ebenda, S. 148

Der polnische Botschafter in Washington, Graf Potocki, berichtete im Januar 1939 nach Gesprächen mit führenden US-amerikanischen Politikern über „rasche und umfangreiche amerikanische Kriegvorbereitungen, dem Druck auf Frankreich und England, jeder Kompromißpolitik mit den ‚totalitären' Staaten entgegenzutreten und Diskussionen über irgendwelche Gebietsveränderungen abzulehnen... Die Stimmung in den USA zeichnet sich durch einen zunehmenden Haß gegen den Faschismus aus... Die Propaganda ist vor allem in jüdischen Händen, ihnen gehört fast zu 100 Prozent das Radio, der Film, die Presse und die Zeitschriften...!"

ebenda, S. 283

„Eines der Kriegsziele der US-Seite: Die Abschaffung der Reinrassigkeit in Deutschland."

Wendell E. Wilkies, früherer US-Präsidentschaftskandidat, in: Heinz Nawratil, „Der Kult mit der Schuld", S. 165

„Wir haben kaltblütig Gefangene niedergeschossen, Krankenhäuser dem Erdboden gleichgemacht, Rettungsboote aus der Luft beschossen, feindliche Zivilisten mißhandelt oder getötet, feindlichen Verwundeten den Rest gegeben, Sterbende zusammen mit Toten in eine Grube geworfen und im Pazifik von Feindschädeln das Fleisch heruntergekocht und Tischaufsätze für Sweethearts daraus gemacht oder aus den Knochen der Feinde Brieföffner geschnitzt. Unseren Massenbombenwürfen und Phosphor-Abwürfen auf feindliche Zivilisten setzten wir die Krone auf, indem wir Atombomben auf zwei so gut wie unverteidigte Städte warfen und damit einen für alle Zeiten gültigen Rekord im sekundenschnellen Massenmord aufstellten."

Der US-Amerikaner Edgar L. Jones im Februar 1946 in der Zeitschrift „The Atlantic Monthly"
unter dem Titel „Ein Krieg ist genug".

Im Jahre 1941 (noch vor dem Kriegseintritt der USA) veröffentlichte Theodore Nathan Kaufman eine Denkschrift mit dem Titel „Germany must perish" (dt., „Deutschland muß zugrunde gehen"). Der erste Satz lautet: „Es handelt sich um einen Plan zur restlosen Vernichtung des deutschen Volkes und seiner Ausrottung und zwar des Volkes in seiner Gesamtheit... Daß die Deutschen nach und nach aus Europa verschwinden, wird keine nennenswerte negative Lücke hinterlassen, keine größere als das allmähliche Verschwinden der Indianer hierzulande."

Ulrich Bäcker, „Roosevelts Mordquartett", Druffel-Verlag, 2007, S. 70

Eine andere Hetzschrift mit dem Titel „What to do with Germany" (dt., „Was machen wir mit Deutschland?") stammt aus der Feder des Rechtsanwaltes Louis

Nizer. Roosevelt machte sie den Mitgliedern seines Kabinetts zur Pflichtlektüre, und Harry S. Truman, der Nachfolger Roosevelts, sagte: „Jeder Amerikaner soll sie lesen." In dem Kapitel „Invading the German Mind" (dt., „Aushöhlung des deutschen Geistes") schrieb Nizer: „Die Umerziehung (reeducation) ist die größte und vornehmste Aufgabe, die uns je auferlegt worden ist, denn es geht darum, das geistige Fundament eines ganzen Volkes zu zerstören und diesem einen neuen Charakter einzupflanzen. Alle nur verfügbaren Kräfte müssen für die Durchdringung des deutschen Denkens bei diesem noblen Angriff ins Feld geführt werden."

ebenda, S. 122

Winston Churchill nach dem Eintritt der USA in den Krieg am 15. 2. 1942 im Unterhaus: „Davon habe ich geträumt, darauf habe ich hingearbeitet, und nun ist es soweit."

ebenda, S. 271

„Wenn es um das Gedenken an unsere in zwei Weltkriegen gefallenen Soldaten geht, so hat Deutschland auch hier einen weltweit einmaligen Sonderweg in einen moralischen Abgrund beschritten. In keinem Kulturstaat wäre es auch nur denkbar, daß ein solches Gedenken verweigert, mißachtet, ja sogar geschändet würde. Auch mit einer Diffamierungskampagne wie der sogenannten „Wehrmachtausstellung" hat unser Land ebenso internationale Traditionen und Normen verletzt wie mit dem höchstrichterlichen Urteil „Soldaten sind Mörder". Das stößt bei unseren Nachbarn und ehemaligen Kriegsgegnern auf Fassungslosigkeit und völliges Unverständnis. Während für die Bundeswehr-Führung die deutschen Soldaten beider Weltkriege, d. h. die eigenen Väter und Großväter, offenbar keine Kameraden sind, sprechen unsere früheren Gegner nur mit allerhöchster Achtung und Anerkennung von den deutschen Soldaten und deren bewundernswerten Leistungen im Kriege. So z. B. ein Sprecher des Veteranenverbandes der 8. britischen Armee in einem Appell an deutsche Politiker: „Wie ich haben diese Männer nur noch wenige Zeit vor sich, aber es ist genug Zeit für Deutschland, ihnen ihren Stolz zurückzugeben. In der Zeit des Krieges haben sie ihre Pflicht vorangestellt; es ist jetzt Zeit für Deutschland, seinerseits seine Pflicht für sie zu tun."

Lord Vansittard, oberster Beamter des Foreign Office, 1941:
„Hitler ist kein Zufall. Er ist das natürliche Produkt einer Rasse, die von frühesten Tagen der Geschichte an räuberisch und kriegslüstern war… Durch die Gnade Gottes und zur Rettung der Menschheit werden wir die Erde von Deutschland befreien und Deutschland von sich selbst."

Udo Walendy, „Wahrheit für Deutschland", Verlag für Zeitgeschichte, Vlotho, 1964, S. 270

Der israelische Militärhistoriker Martin van Creveld konstatiert, daß die Wehrmacht „besser als jede andere moderne Streitkraft die Verbindung von Initiative und Disziplin verkörperte, sie ferner insgeheim das Vorbild der israelischen Armee sei, ohne daß diese ihre Qualitäten je erreicht habe".

Alfred E. Zips in einem Vortrag (2008)

Der französische Staatspräsident Mitterand erklärte am 8. 5. 1995 anläßlich des 50. Jahrestages des Kriegsendes: „Die deutschen Soldaten, sie waren tapfer. Sie nahmen den Verlust ihres Lebens hin, sie liebten ihr Vaterland. Ich verneige mich vor ihnen allen, und ihnen gehört meine Hochachtung und Verehrung."

„Die Deutschen sind ohne Frage die wunderbarsten Soldaten."
Feldmarschall Lord Allenbrooke (1883-1963), Chef des britischen Generalstabes

„Es war eine überraschende Erscheinung des nächsten Krieges, daß sich die deutsche Armee in bezug auf menschliches Verhalten einen besseren Ruf erwarb als 1870 und 1914; man hätte eigentlich erwarten sollen, daß die Addition von ‚Nazismus' und ‚Preußentum' diesen Ruf verschlechtert hätte... Reiste man nach dem Kriege durch die befreiten Länder, so hörte man allenthalben das Lob der deutschen Soldaten und nur zu oft wenig freundliche Betrachtungen über das Verhalten der Befreiungstruppen."
B. H. Liddel Hart, englischer Militärhistoriker

„Ob wir in Afrika, in Italien oder in Frankreich auf die deutsche Wehrmacht stießen, immer fanden wir in ihr einen anständigen Gegner."
Der britische Jurist, Unterhausabgeordnete und Militärschriftsteller Sir Reginald Page

Der britische Militärhistoriker Generalmajor a. D. Michael Reynolds:
„Die Bereitwilligkeit der Männer der Waffen-SS, auch dann weiterzukämpfen, als der Krieg offensichtlich verloren war, kann für die heutigen Generationen nur Anlaß zur Bewunderung sein... Sie waren bemerkenswerte Soldaten, dergleichen werden wir wohl niemals wieder sehen… Kriegsverbrechen waren niemals auf eine Seite beschränkt…" Reynolds hält es für äußerst bezeichnend, daß man Deutsche und Alliierte mit unterschiedlicher Elle gemessen hat. So sei es zu Kriegsverbrecherprozessen nur gegen die Besiegten, nicht aber gegen die Sieger gekommen. Reynolds zitiert den britischen Militärhistoriker Prof. Max Hastings aus dessen Buch „Overlord" wörtlich: „Fast jeder alliierte Zeuge, den ich für meine Berichte befragte, hatte direkte Erkenntnis oder eigene Erfahrung von der Erschießung deutscher Kriegsgefangener und davon, daß viele britische und amerikanische Einheiten Gefangene der ‚Waffen-SS' routinemäßig erschossen haben."

George Marshall, US-amerikanischer General und Politiker, über die deutschen Soldaten: „Die Basis ihrer Disziplin war unerschütterlich."

„Der deutsche Soldat hat unter Verhältnissen von unvorstellbarer Grausamkeit seiner Gegner ein großes Maß an Zurückhaltung und Disziplin an den Tag gelegt. Feldmarschall von Manstein wird für alle Zeiten das leuchtende Beispiel für die besten deutschen Charakterzüge bleiben: Mut, Standhaftigkeit und das, was die Römer ‚gravitas‘ (dt., Würde, Ehre; d. Verf.) nennen."
Reginald Paget, britischer Jurist und Parlamentsmitglied, Verteidiger von Generalfeldmarschall von Manstein

„Vor den deutschen Soldaten ziehe ich meinen Hut. Ich habe bei Anzio (Italien; d. Verf.) und in der Normandie gegen Euch gekämpft und kann nur sagen: Eure Soldaten waren erstklassig. Was ihr Deutsche braucht, ist mehr Selbstachtung und Patriotismus. Ihr habt das Recht dazu! Ihr seid ein großes Volk, das der Welt unermeßliche Kunstschätze geschenkt hat. Schätze der Wissenschaft und der Kunst. Ihr habt in der Wehrmacht eine Armee gehabt, welche die Welt bewundert."
Vernon Walters, ehemaliger Botschafter der USA in Bonn

„Ich war 1945 der Auffassung, daß die Wehrmacht, insbesondere das deutsche Offizierskorps, identisch mit Hitler und den Exponenten seiner Gewaltherrschaft sei und deshalb auch voll mitverantwortlich für die Auswüchse dieses Regimes. Inzwischen habe ich eingesehen, daß meine damalige Beurteilung der Haltung des deutschen Offizierskorps und der Wehrmacht nicht den Tatsachen entspricht, und ich stehe daher nicht an, mich wegen meiner damaligen Auffassungen, sie sind ja auch aus meinem Buch ersichtlich, zu entschuldigen. Der deutsche Soldat hat für seine Heimat tapfer und anständig gekämpft. Wir wollen alle für die Erhaltung des Friedens in Europa, das uns allen ja die Kultur geschenkt hat, gemeinsam eintreten."
General Eisenhower, NATO-Oberbefehlshaber in Europa, in der Ehrenerklärung für den deutschen Soldaten am 22. 1. 1951

„Wir möchten heute vor diesem Hohen Hause im Namen der Regierung erklären, daß wir alle Waffenträger unseres Volkes, die im Rahmen der hohen soldatischen Überlieferungen ehrenhaft zu Lande, zu Wasser und in der Luft gekämpft haben, anerkennen. Wir sind überzeugt, daß der Ruf und die Leistung des deutschen Soldaten trotz aller Schmähungen während der vergangenen Jahre in unserem Volk noch lebendig geblieben sind und auch bleiben werden. Es muß auch gemeinsame Aufgabe sein, und ich bin sicher, wir werden sie lösen, die sittlichen Werte des deutschen Soldatentums mit der Demokratie zu verschmelzen."
Bundeskanzler Dr. Konrad Adenauer am 3. 12. 1952 vor dem Deutschen Bundestag

„Sehr geehrter Herr Generaloberst! Einer Anregung nachkommend, teile ich mit, daß die von mir in meiner Rede vom 3. 12. 1952 vor dem Deutschen Bundestag abgegebene Erklärung für Soldaten der früheren deutschen Wehrmacht auch die Angehörigen der Waffen-SS umfaßt, soweit sie ausschließlich als Soldaten ehrenvoll für Deutschland gekämpft haben. Mit dem Ausdruck vorzüglicher Hochachtung bin ich Ihr Adenauer."

Aus einem Brief Dr. Konrad Adenauers vom 17. 12. 1952 an Generaloberst der Waffen-SS a. D. Paul Hausser

„Was der deutsche Soldat, gänzlich unvorbereitet für einen Winterfeldzug, an der Ostfront geleistet hat, was er vollbrachte, stellt, was die Belastbarkeit betrifft, eine der größten Heldentaten dar, von der die Kriegsgeschichte berichtet."

J. F. C. Fuller, brit. General und Militärhistoriker, in: „The Decisive Battles"

Stalins sogenannter „Fackelmänner-Befehl" Nr. 0428 vom 17. 11. 1941: „Die Jagdkommandos sollen..., in Uniformen des deutschen Heeres eingekleidet, Vernichtungsaktionen gegen die eigene Bevölkerung durchführen. Das schürt den Haß auf die faschistischen Besatzer und erleichtert die Anwerbung von Partisanen im Hinterland der Faschisten. Es ist darauf zu achten, daß Überlebende zurückbleiben, die über die deutschen Greueltaten berichten können."

(s. auch Fritz Becker, „Stalins Blutspur durch Europa", Kiel, 1995, S. 268)

„Für uns gibt es nichts Lustigeres als deutsche Leichen.
Töte den Deutschen – dieses bittet Dich Deine greise Mutter.
Töte den Deutschen – dieses bitten Dich Deine Kinder.
Töte den Deutschen – so ruft die Heimaterde.
Versäume nichts! Versieh Dich nicht. Töte."

Der Sowjetpropagandist Ilja Ehrenburg, „Der Krieg", Moskau, 1943, in: Dr. Alfred Schickel, „Von Großdeutschland zur Deutschen Frage 1938", 1946, S. 116 ff.

Bewertung der Armeen durch den israelischen Generalstab:
Als tapferste Soldaten beider Weltkriege wurden von den Israelis die Deutschen ermittelt. Es folgten die Franzosen für den Ersten und die Japaner für den Zweiten Weltkrieg. Die deutschen Streitkräfte wurden als die **diszipliniertesten** beider Kriege bezeichnet. Als Elite-Einheiten des II. Weltkrieges wurden die US-Marines (Ledernacken), die britischen Kommandotruppen, die französische Fremdenlegion, die deutsche Waffen-SS und die sowjetische Arbeitermiliz hervorgehoben. Die Bewertung nach Punkten, die eine Höchstzahl von 100 Prozent zuließ, hatte folgendes Ergebnis:

Im Ersten Weltkrieg	Im Zweiten Weltkrieg
Die deutsche Armee 86 Punkte	Die deutsche Armee 93 Punkte
Die französische Armee 65 Punkte	Die japanische Armee 86 Punkte
Die englische Armee 59 Punkte	Die sowjetische Armee 83 Punkte
Die türkische Armee 52 Punkte	Die finnische Armee 79 Punkte
Die amerikan. Armee 49 Punkte	Die polnische Armee 79 Punkte
Die russische Armee 45 Punkte	Die britische Armee 62 Punkte
	Die amerikan. Armee 55 Punkte
	Die französische Armee 39 Punkte
	Die italienische Armee 24 Punkte

Wolfgang Hennig, „Zeitgeschichte in Zitaten - Höhepunkte historischer Darstellung", Türmer-Verlag, Berg/Starnberger See, o. J., S. 123 ff.; Bericht vom 10. 5. 1958 aus Tel Aviv; Felix Steiner, „Die Armee der Geächteten", Plesse-Verlag, Göttingen, 1963, S. 209

„Wir wenden jeden, auch den schmutzigsten Trick an, der sich nur denken läßt. Jeder Griff ist erlaubt, je übler, desto besser. Lügen, Betrug – alles. Für einige dieser Geschichten bekamen wir die Ideen und das Material von einem speziellen Gerüchte-Ausschuß geliefert."

Sefton Delmer, der britische Chefpropagandist im Zweiten Weltkrieg, in seinen 1962 erschienenen Memoiren „Die Deutschen und ich"

Ilja Ehrenburg an die Rote Armee:
„Es ist nicht damit getan, Deutschland zu besiegen. Es muß ausgelöscht werden."

Joachim Hofmann, „Stalins Vernichtungskrieg 1941-1945", S. 211

Aufruf des Befehlshabers der tschechoslowakischen Streitkräfte im Ausland, General Ingr, am 3. 11. 1944 über den Londoner Rundfunk: „Wenn unser Tag kommt, wird die ganze Nation dem russischen Schlachtruf folgen: Schlagt sie, bringt sie um, laßt keinen am Leben."

Wolfgang Popp, „Wehe den Besiegten", 2007, S. 163

Am 26. 2. 1945 forderte die tschechische „Nationale Front" in einem gleichzeitigen Aufruf über den Londoner und Moskauer Rundfunk unter anderem: „Greift die verfluchten Deutschen an und erschlagt die Okkupanten, bestraft die Verräter, bringt die Feiglinge und die Schädlinge des nationalen Kampfes zum Schweigen."

ebenda, S. 165

Am 13. 5. 1943 telegrafiert Beneš aus Washington an seinen Beauftragten in London, H. Ripka: „Roosevelt stimmt der Konzeption zu, daß die Zahl der Deutschen

in der Tschechoslowakei nach diesem Krieg durch einen Transfer so viel wie möglich herabgesetzt werden muß."
Wolfgang Popp, „Wehe den Besiegten", 2007, S. 163

„Die Deutschen sind keine Menschen. Von nun an ist das Wort ‚Deutscher'
für uns der allerschlimmste Fluch. Von jetzt an bringt das Wort ‚Deutscher'
ein Gewehr zur Entladung. Wir werden nicht sprechen. Wir werden uns nicht
aufregen. Wir werden töten. Wenn du im Laufe eines Tages nicht wenigstens
einen Deutschen getötet hast, so ist es für dich ein verlorener Tag gewesen…
Zähle nicht die Tage, zähle nicht die Kilometer, zähle nur eines: die von dir
getöteten Deutschen. Tötet die deutschen Faschisten – brecht den Hochmut
der deutschen Frauen… Töte den Deutschen, wo du ihn antriffst. Schlag ihn
auf der Straße, im Haus, spreng ihn mit der Granate, stich das Bajonett in ihn,
die Mistgabel, spalt ihn mit dem Beil, setz ihn auf den Pfahl, zerschneid ihn mit
dem Messer, schlag, wie du kannst. Aber töte! Töte ihn, überall mußt du die
Bestie schlagen…"
Ilja Ehrenburg – Mordaufrufe im Zweiten Weltkrieg, in: Peter, Erwin/Epifanow, Alexander E.,
„Stalins Kriegsgefangene", Stocker-Verlag, Graz/Stuttgart, S. 261-263

Der weltberühmte britische Historiker Liddell Hart schrieb in „Picture Post" am
3. 9. 1949: „Hitler wollte alles andere als einen Weltkrieg… Nach Kriegsende sind
die wesentlichen deutschen Archive in unsere Hände gefallen, und wir können uns
ein präzises Bild von dem außerordentlichen Grad der Kriegsfurcht in den führenden deutschen Kreisen machen… Die plötzliche Kehrtwendung Englands machte
den Krieg unvermeidbar. Auch die Sowjetunion marschierte im September 1939
in Polen ein, jedoch ohne daß England und Frankreich ihr den Krieg erklärten.
Das beweist, daß es nicht um Polen, sondern um die Vernichtung Deutschlands
ging."
Joachim Nolywaika, „Ostdeutsche Passion", S. 20

Der Literaturnobelpreis-Träger Ernest Hemingway in einem Brief an seinen reund
Charles Scribner:
„Einmal habe ich einen rotzigen SS-Kraut gekillt… Ich schoß ihm dreimal in den
Bauch und schoß ihm dann, als er in die Knie sackte, eins oben drauf, so daß sein
Hirn aus dem Munde kam oder aus der Nase." Auf Seite 697 seiner „Ausgewählte
Briefe" schildert Hemingway, wie er einem einzelnen deutschen Soldaten, „ein Jun-
ge etwa so alt wie mein Sohn Patrick zu der Zeit", der auf dem Fahrrad flüchtete,
„durch das Rückgrat geschossen hat".
Ernest Hemingway war 1944 Kriegsberichterstatter einer US-Infanteriedivision. In: „Der Große
Wendig", Band 2, Grabert-Verlag, 2006, S. 287/288

Am 5. 12. 1944 (nach der Konferenz von Teheran) gab Churchill vor dem britischen Unterhaus u. a. folgende Erklärung ab: „Die Umsiedlung von mehreren Millionen (Deutschen; d. Verf.) muß aus dem Osten nach dem Westen durchgeführt werden…, denn es wurde vorgeschlagen: Völlige Vertreibung der Deutschen aus den Gebieten, die Polen im Westen und Norden gewinnt. Die Vertreibung ist… das befriedigendste und dauerhafteste Mittel."
ebenda, S. 167

„Machen Sie sich keine Sorge über die fünf oder mehr Millionen Deutschen… Stalin wird sich darum kümmern. Sie werden mit ihnen keine Schwierigkeiten haben: Sie werden zu existieren aufhören."
Churchill zum exilpolnischen Ministerpräsidenten, zitiert nach Pater E. J. Reichenberger, „Wider Willkür und Machtrausch", S. 400

„Deutschland wird nicht zum Zwecke der Befreiung, sondern als besiegter Feindstaat besetzt." US-Dokument JCS-1067 vom April 1945. Dieses Dokument hatte, wie der spätere Militärgouverneur Lucius D. Clay in seinen Erinnerungen festhält, einen „Karthago-Frieden" zum Ziel.
Prof. Emil Schlee, „Die Deutsche Frage", 1995, S. 13

Ich glaube an die Wahrheit;
sie zu suchen,
nach ihr zu forschen
in und um uns,
muß unser höchstes Ziel sein.
Damit dienen wir vor allem
dem Gestern und dem Heute.
Ohne Wahrheit gibt es keine Sicherheit
und keinen Bestand.
Fürchtet es nicht,
wenn die ganze Meute aufschreit,
denn nichts auf dieser Welt
wird so gehaßt und gefürchtet
wie die Wahrheit.
Letzten Endes wird aber
jeder Widerstand gegen die Wahrheit
zusammenbrechen
wie die Nacht vor dem Tag.

Theodor Fontane

„Westliche Wertegemeinschaft: Niemals in der Weltgeschichte, weder in der Antike, im Mittelalter noch im 30jährigen Krieg, hat man eine solche barbarische Kriegführung erlebt, und niemals ist ein besiegter Feind mit größerer Grausamkeit behandelt worden".
Sven Hedin, in: Joachim Nolywaika, „Ostdeutsche Passion", S. 4, Buchdienst DVG, 2004

„Als nächstes wird der Staatsmann billige Lügen erfinden, die die Schuld der angegriffenen Nation zuschieben, und jeder Mensch wird glücklich sein über diese Täuschungen, die das Gewissen beruhigen. Er wird sie eingehend studieren und sich weigern, Argumente der anderen Seite zu prüfen. So wird er sich Schritt für Schritt selbst davon überzeugen, daß der Krieg gerecht ist und Gott dafür danken, daß er nach diesem Prozeß grotesker Selbsttäuschung besser schlafen kann."
Mark Twain, „Der geheimnisvolle Fremde"

„Der zweite amerikanische Kreuzzug endete noch unglückseliger als der erste, und diesmal war der Unruhestifter nicht der deutsche Kaiser, sondern der amerikanische Präsident…, dessen Machtverlangen sein Volk in den europäischen Konflikt stürzten und ihn auf diese Weise wieder über die Welt ausbreiteten. In den beschlagnahmten deutschen Archiven gibt es kein Zeugnis, das die Behauptungen des Präsidenten stützen könnte, daß Hitler eine Offensive gegen die westliche Hemisphäre plante. Aber es gibt eine Fülle von Beweisen, daß er gerade dies vermeiden wollte, bis Amerika in den Krieg eintrat… Roosevelt hat Amerika in den Krieg gelogen, so Claire Booth-Luce während des Parteikonvents der Republikaner 1944".
J. F. C. Fuller, britischer Militärhistoriker, in: „A Military History oft the Western World", 1956

„Wir wissen heute dank der erschöpfenden Durchforschung der deutschen Geheimarchive während des Nürnberger Prozesses, daß es niemals einen Angriffsplan auf die USA gegeben hat. Im Gegenteil: Die ungeheure Menge der Dokumente bewies, daß Hitler bestrebt war, den Krieg mit den USA zu vermeiden."
US-General Albert Wedemeyer, in: Udo Walendy, „Wahrheit für Deutschland", S. 294

„England hat es bewußt unterlassen, auf Polen, wo es inzwischen wieder zu chauvinistischen Ausbrüchen, zu Foltern und Morden an Deutschen gekommen war, mäßigend einzuwirken… Es bleibt ein Rätsel, warum seitens Englands zu diesem kritischen Zeitpunkt keinerlei Druck auf die polnische Regierung ausgeübt wurde, um sie zu Verhandlungen zu bewegen."
F. O. Miksche, „Das Ende der Gegenwart", 1990, S. 66 ff.

„Roosevelt war sehr darum bemüht, sobald wie möglich in den Krieg einzutreten. Durch Betrug trieb er dann das Volk in den Krieg."
Prof. Benjamin Colby, „Die Roosevelt Verschwörung", 2002

Kapitel V
Erkenntnisse und Geständnisse auf den Trümmern des Deutschen Reiches

„Deutschland wird nicht besetzt zum Zwecke seiner Befreiung, sondern als besiegter Feindstaat und zur Verwirklichung alliierter Ziele."

US-Direktive „JCS 1067" vom April 1945

„Der Unterschied zwischen Gott und den Historikern besteht hauptsächlich darin, daß Gott die Vergangenheit nicht mehr ändern kann."

Samuel Butler (1835-1902), englischer Philosoph

„Geschichte wiederholt sich nicht. Aber sie bestraft denjenigen, der sie nicht kennt."

Prof. Dr. Michael Stürmer, bundesdeutscher Historiker und Berater Dr. Helmut Kohls

„Die Toten können nicht nach Gerechtigkeit verlangen – es ist die Pflicht der Lebenden, das für sie zu tun."

Lois McMaster (geb. 1949), amerikanische Schriftstellerin

„Um den Deutschen das Recht auf Selbstachtung zu nehmen, griff man zu dem Mittel der Dauerdiffamierung, denn ein schuldiges Volk, dessen nationales Selbstbewußtsein mit Schuld belastet bleibt, erhebt sein Haupt nicht... es wird nachhaltig geschwächt."

Karl Seeger, „Generation ohne Beispiel", 1991, Seite 44

„Deutschland war für die Art der Kriegführung, die ihm letztlich aufgezwungen wurde, völlig unzulänglich organisiert. Das war die erstaunliche Entdeckung, die wir damals machten; etwas was wir nicht geahnt hatten."

Der US-Nationalökonom John G. Galbraith, in: Würmeling, „Die weiße Liste", S. 107

„Das unverzeihliche Verbrechen Deutschlands vor dem Zweiten Weltkrieg war der Versuch, seine Wirtschaftskraft aus dem Welthandelssystem herauszulösen und ein eigenes Austauschsystem zu schaffen, bei dem die Weltfinanz nicht mehr mitverdienen konnte."

Winston Churchill, „Memoiren", in: Josef A. Kofler, „Die falsche Rolle mit Deutschland", 2008, S. 46

„Von Halifax angestachelt, sorgte Chamberlain dafür, daß er den Krieg bekam, den er niemals gewollt hatte, und daß Churchill den Krieg bekam, den er immer gewollt hatte."

Patrick J. Buchanan, ehemaliger US-Präsidentschaftskandidat, in seinem 2008 erschienenen Buch „Churchill, Hitler und der unnötige Krieg", S. 215

„Was wir im deutschen Widerstand während des Krieges nicht wirklich begreifen wollten, haben wir nachträglich vollends gelernt: daß dieser Krieg schließlich nicht gegen Hitler, sondern gegen Deutschland geführt wurde."

Eugen Gerstenmaier, FAZ, 21. 3. 1975

„…Ein neuer, großer Krieg war das letzte, was Hitler wollte… Wenn Hitler tatsächlich mit einem allgemeinen Krieg… gerechnet hätte, dann hätte er alle nur erdenklichen Anstrengungen unternommen, um eine Kriegsmarine aufzubauen, die derjenigen Großbritanniens gewachsen gewesen wäre. Doch er brachte seine Marine nicht einmal auf den Stand, der im deutsch-britischen Flottenabkommen von 1935 vorgesehen war."

Liddell Hart, „Geschichte des Zweiten Weltkrieges", 1972, S. 18 f.

„Heute wissen wir, daß er (Roosevelt) das heftig widerstrebende amerikanische Volk in den Krieg geradezu hineingezwungen hat. Es läßt sich beweisen, daß es frühzeitig sein Wille war, die USA an der Seite Großbritanniens in den Krieg zu führen."

Prof. Dr. Erich Schwinge, „Churchill und Roosevelt aus kontinentaleuropäischer Sicht", 1986, S. 96 f.

„Der Stand der deutschen Rüstung 1939 liefert den entscheidenden Beweis dafür, daß Hitler nicht an einen allgemeinen Krieg dachte und wahrscheinlich überhaupt keinen Krieg wollte."

A. J. P. Taylor, „Die Ursprünge des Zweiten Weltkrieges", 1962, S. 280

Stalin am 5. 5. 1941:

„Ob Deutschland will oder nicht, der Krieg mit Deutschland kommt."
Werner Maser, „Der Wortbruch", München, 1994, S. 315

„Es handelt sich bei den Vergewaltigungen von Frauen und Mädchen durch sowjetische Soldaten und Offiziere nicht etwa um Einzelfälle, sondern um Massenvergehen. Sie sind als eine der grauenhaftesten völkerrechtswidrigen Gewalttaten zu verzeichnen. Sie haben in massenhaftem Ausmaß stattgefunden… Fast allerorts sind sie durch Soldaten und Offiziere verübt worden… Sie vollzogen sich oft in brutalster und schamlosester Weise… Nicht verschont blieben Schwangere, Minderjährige, Insassen von Altersheimen, Schwestern in Krankenhäusern und in Klöstern. Viele Frauen mußten in vielfacher Folge nacheinander Vergewaltigungen erdulden, selbst bis zur Todesfolge. Auch wurden Frauen nach den Vergewaltigungen geschändet und ihre Leichen in sadistischer Weise verstümmelt… In erheblicher Zahl haben Frauen Selbstmord verübt, um den wiederholten Vergewaltigungen zu entgehen."
Wilfried Ahrens, „Verbrechen an Deutschen - Die Opfer im Osten", Huglfing, S. 43

„Die Vergewaltigungen nahmen ein unvorstellbares Ausmaß an… Die Russen machten vor nichts halt: Greisinnen (bis 80 Jahre), Kinder (bis 10 Jahre abwärts), Hochschwangere und Wöchnerinnen. Die Vergewaltigungen gingen unter den widerlichsten Umständen vor sich. Häufig war es so…, daß das weibliche Wesen von mehreren festgehalten wurde... So manche Frau ist anschließend erschossen worden… Es bestand da kaum ein Unterschied zwischen Offizieren und Soldaten."
Gert O. E. Sattler, „Leidensweg deutscher Frauen", Kiel, 1996, S. 8

„Vor fünfzig Jahren sah Europa das Ende des Dreißigjährigen Krieges 1914-1945… Die Zerstörungen der Städte und die Unterdrückung der Bürger, all dies hinterließ ein Europa in Ruinen, gerade wie es der Dreißigjährige Krieg vor drei Jahrhunderten getan hat."
John Major, ehem. brit. Premier, am 8. 5. 1995 in Berlin. Auch Winston Churchill schreibt in seinen Memoiren vom „zweiten Dreißigjährigen Krieg" (d. V.).

Auf der Konferenz von Potsdam (17. 7.-2. 8. 1945) beschließen die Regierungschefs der Sowjetunion, der USA und Englands, „daß die endgültige Festlegung der Westgrenze Polens bis zu der Friedenskonferenz zurückgestellt werden soll. Die deutschen Ostgebiete werden vorläufig unter polnische Verwaltung gestellt."
Wolfgang Popp, „Wehe den Besiegten", S. 174/175

„Ich wage es, hier die ernste Frage aufzuwerfen, ob nicht schon längst die Zeit gekommen ist, über die Verbrechen, die im Kriege auch gegen das deutsche Volk begangen worden sind, in Selbstkritik zu sprechen... Die Entfesselung des Feuersturmes, der durch die mit Flüchtlingen überfüllte Stadt Dresden raste, ist eine Schandtat gewesen."

Der ehemalige niederländische Ministerpräsident Dries van Agt anläßlich einer Laudatio zur Verleihung der „Martin-Buber-Plakette" an Richard v. Weizsäcker im November 2003

„In polnischen Konzentrationslagern waren nach dem 2. Weltkrieg vermutlich mehr als 200.000 Deutsche inhaftiert worden, von denen nach Schätzung des jüdisch-amerikanischen Journalisten John Sack ca. 60-80.000 Menschen umgekommen sind. Kurz nach Kriegsende errichtete die tschechoslowakische Regierung in Böhmen, Mähren, Sudetenschlesien und der Slowakei insgesamt 1215 Konzentrationslager (später Internierungslager genannt), in denen oft jahrelang ca. 350.000 Deutsche inhaftiert wurden, wobei die Grausamkeiten in diesen Lagern häufig sogar die Brutalität der SS übertrafen."

Wolfgang Popp, „Wehe den Besiegten", 2007, S. 135/136

„Die Austreibung der Deutschen aus ihrer eigenen, in mehr als tausendjähriger Kultur... ausgestalteten und unverlierbar gebliebenen Heimat war Völkermord."

Der SPD-Abgeordnete Jakob Altmaier am 8. 6. 1954 im Deutschen Bundestag

Deutsche Verluste im und nach dem Zweiten Weltkrieg:
2,8 Mio. in den Vertreibungsgebieten durch Mord und Vergewaltigung
0,3 Mio. beim Einmarsch der Roten Armee in anderen Landesteilen
ca. 600 000 Tote durch den Bombenterror
1,724 Mio. Kriegsgefangene
0,1 Mio. in Lagern und Gefängnissen der Sowjetzone
5,7 Mio. Hungertote in den Westzonen
Gesamt = 11,224 Millionen

Heinz Nawratil, „Schwarzbuch der Vertreibung 1945-1948 - Das letzte Kapitel unbewältigter Vergangenheit", München, 1999

Das Statistische Jahrbuch für die Bundesrepublik Deutschland nennt 16.557.800 Opfer der Vertreibung und insgesamt 2,12 Millionen Verluste/Tote insgesamt.

Eine schier unglaubliche Zahl sind 5,7 Mio. Opfer der deutschen Zivilbevölkerung zwischen Oktober 1946 und September 1950 infolge von Hunger und Kälte. Diese von James Bacque, Kanada, erstmals 1995 veröffentlichte Zahl wurde daher verschiedentlich überprüft. Inzwischen fand sie auch in dem neuen Buch von Heinz Nawratil „Schwarzbuch der Vertreibung 1945-1948", München 1999, ihre Bestätigung. Die Opfer der deutschen Zivilbevölkerung, also von Frauen, Kindern bzw.

alten und kranken Menschen, machten 80,6 % aller Opfer der alliierten Kriegsverbrechen aus. Die Opfer von Gewalttaten gegen deutsche Kriegsgefangene betrugen demgegenüber 19,4 % der Gesamtzahl aller deutschen Opfer von Kriegsverbrechen der Siegermächte.
„Märkische Zeitung", September 2000, S. 11/12

„Dem 19. Jahrhundert gelang nur eine ethische Konstruktion großen Stils: das preußische Offizierkorps."
Nicolas Gomez Davila (1913-1994), „Einsamkeiten - Glossen und Text in einem", Wien, 1987, S. 140

„Geheimdokumente enthüllen: Das britische Kriegskabinett unter Winston Churchill wies im Juli und August 1940 mehrere von deutscher Seite und neutraler Seite kommende Friedensfühler zurück. Dies geht aus bisher geheimgehaltenen britischen Kabinettspapieren des Jahres 1940 hervor, die jetzt freigegeben wurden."
„Augsburger Allgemeine", 2. 1. 1970

„Der Geheime Staatsvertrag vom 21. 5. 1949 wurde vom Bundesnachrichtendienst unter ‚Strengste Vertraulichkeit' eingestuft. In ihm wurden die grundlegenden Vorbehalte der Sieger für die Souveränität der Bundesrepublik bis zum Jahre 2099 festgeschrieben, was heute wohl kaum jemanden bewußt sein dürfte. Danach wurde einmal ‚der Medienvorbehalt der alliierten Mächte über deutsche Zeitungs- und Rundfunkmedien' bis zum Jahr 2099 fixiert. ... Darüber hinaus blieben die Goldreserven der Bundesrepublik durch die Alliierten gepfändet."
Generalmajor a. D. Gerd-Helmut Komossa, ehemaliger Amtschef des MAD (Militärischer Abschirmdienst), in seinem 2007 erschienenen Buch „Die deutsche Karte – Das verdeckte Spiel der geheimen Dienste"

„Wir sind keine Mandanten des deutschen Volkes, wir haben Auftrag von den Alliierten."
Konrad Adenauer, zitiert nach Prof. Hans Herbert von Armin, in: „Die Deutschland-Akte", S. 17

„Als ich 1919 die Leitung der italienischen Regierung übernahm, sollte es mein erster Akt sein, den Vertrag von Versailles zu unterschreiben. Ich kannte von Grund auf diesen fluchwürdigen Vertrag und betrachtete ihn als den Ruin Europas... Noch niemals ist ein ernstlicher und dauernder Friede auf die Ausplünderung, die Quälerei und den Ruin eines besiegten, geschweige denn eines besiegten großen Volkes gegründet worden. Und dies und nichts anderes ist der Vertrag von Versailles!"

Die Verfolgung ausschließlich machtpolitischer Zwecke kann den Kriegsgegnern Deutschlands nicht vorgehalten werden. An ihren eigenen moralischen Ansprüchen aber müssen sich gerade die westlichen Alliierten messen lassen. Sie haben sie verspielt:

- durch moralisch nicht zu rechtfertigende Methoden der Kriegsführung, die auch vor eklatanten Brüchen des Kriegsvölkerrechtes nicht zurückscheute,
- durch den Bombenkrieg gegen die Zivilbevölkerung, insbesondere auch die Atombombenabwürfe auf Hiroshima und Nagasaki,
- durch die bedenkenlose Opferung der Freiheit abhängiger Völker zur Durchsetzung eigener Interessen,
- durch die Allianz mit einer Macht, deren Brutalität und Terror diejenige des Nationalsozialismus bei weitem übertraf und selbst gegen alle moralischen, ethischen und völkerrechtlichen Prinzipien verstieß und nicht zuletzt durch die Art und Weise, wie sie nach dem Sieg mit den Besiegten umgegangen sind."

Francesco Nitti, ehemaliger italienischer Ministerpräsident, in: „Die Tragödie Europas - und Amerika?", S. 10 f.

Bereits am 24. 8. 1939 erfuhr Roosevelt durch seinen Botschafter in Moskau von dem geheimen Zusatzabkommen zum „Ribbentrop-Molotow-Pakt" und damit von dem geplanten Schicksal der Aufteilung Polens zwischen Deutschland und der Sowjetunion.

Roosevelt gab diese Information, die Polen wahrscheinlich zum Einlenken bzw. Nachgeben veranlaßt hätte (dies ist inzwischen eine mehrheitliche Auffassung der wissenschaftlichen Geschichtsforschung und der meisten Historiker; der Verfasser), nicht weiter. Er war am Ausbruch des Krieges interessiert.

Werner Maser, „Der Wortbruch", München, 1994, S. 63 ff.; Schultze-Rhonhof, „Der Krieg, der viele Väter hatte", S. 420 und 467 f.

Kurz nach der Jalta-Konferenz 1945 wiederholte W. Churchill öffentlich, was er zuvor nur intern geäußert hatte: „Deutschland brauche seine Ostgebiete nicht mehr, da weitere sechs oder sieben Millionen Deutsche im nächsten Jahr umkommen würden.",

Stefan Scheil, „Churchill, Hitler und der Antisemitismus", 2008, S. 99

Beim Dialog um die Nachkriegsordnung auf der Konferenz von Jalta sprachen Stalin und Churchill u. a. über die Idee der gewaltsamen Umsiedlung aus Schlesien und Ostpreußen. Im Protokoll von Jalta (Februar 1945) heißt es:

Stalin: „Dort werden keine Deutschen mehr sein, denn wenn unsere Truppen kommen, laufen die Deutschen weg."
Churchill: „Dann ist das Problem, was man in Deutschland mit ihnen macht. Wir haben sechs oder sieben Millionen von ihnen getötet und werden bis Ende des Krieges noch eine Million töten."
Stalin: „Eine oder zwei?"
Churchill: „Oh, ich ziehe da keine Grenze nach oben"
„Welt am Sonntag", 1. 5. 2005, S. 10

Kurz nach der Wiederherstellung des polnischen Staates 1916 (mit deutscher und österreichischer Hilfe) eroberte Polen unter Marschall Pilsudski in einem Angriffskrieg gegen Rußland über die von den Alliierten in Versailles festgelegte Ostgrenze (Curzon-Linie) hinaus weite litauische, weißrussische und ukrainische Gebiete. Dieses sog. „Ostpolen" wies nur eine geringe polnische Minderheit auf. 1945 wurde dieses Gebiet von den Russen zurückgenommen.
Die Forderung Polens, es müsse für den „Verlust" im Osten im Westen, und zwar auf Kosten Deutschlands, entschädigt werden, ist daher weder historisch noch völkerrechtlich gerechtfertigt. Es ist dieser beispiellose polnische Chauvinismus, der 1945 weitere große deutsche Gebiete an sich riß und die Mehrzahl der Deutschen auf grausamste Weise vertrieb und dies mit der Lüge, Ostdeutschland sei „urpolnischer Boden". An dieser Haltung hat sich bis heute im Grunde nichts geändert. Als Beispiel sei eine Aussage von Lech Walesa im Frühjahr 1990 zitiert, aus einem Interview mit der niederländischen Zeitung „Elsevier": „Wenn die Deutschen erneut Europa in der einen oder anderen Art destabilisieren, sollte man nicht mehr zu einer Aufteilung Zuflucht nehmen, sondern dieses Land einfach von der Landkarte ausradieren. Der Osten und der Westen besitzen die notwendige Technologie, um diesen Urteilsspruch durchzuführen!"
„Der Große Wendig", Band 1, S. 524-526

Quincy Wright weist in „A Study of War" (Chikago, 1942) nach, daß die europäischen Mächte in der Zeit von 1480 bis 1940 an 248 Kriegen beteiligt waren und zwar prozentual wie folgt:
England 28 %, Frankreich 26 %, Spanien 23 %, Rußland 22 %, Österreich 19 %, Türkei 15 %, Polen 11 %, Schweden 9 %, Holland 8 %, Deutschland und Preußen 8 %. Der angesehene Historiker und Soziologe Pitrim A. Savokin kommt in seiner umfangreichen Studie „Social and Cultural Dynamics" (New York, 1937) zu der Feststellung, daß Deutschland von allen europäischen Staaten den niedrigsten Prozentsatz an Kriegsjahren zu verzeichnen hat. Auch der bekannte britische Militärhistoriker Russel Grenfell kommt in seiner Berechnung zu dem Ergebnis, daß

Deutschland/Preußen in dem Jahrhundert vor 1914 von allen europäischen Mächten am wenigsten Kriege geführt hat.

Josef A. Kofler, „Die falsche Rolle mit Deutschland", S. 97

Der englische Reverend Peter Nicoll - er verlor seine beiden Söhne im Krieg gegen Deutschland - schreibt: „Hitler bemühte sich weit mehr, den Frieden zu erhalten, als Wilhelm II. es 1914 tat, doch waren seine Versuche ebenso fruchtlos wie jene des Kaisers."

P. Nicoll, „Englands Krieg gegen Deutschland", S. 156

Der französische Professor Paul Rassinier, der als Widerstandskämpfer ins KZ Buchenwald eingeliefert wurde und erst 1945 in seine Heimat zurückkehren konnte, schrieb in seinem Buch „Operation Stellvertreter", daß sie (die englische und amerikanische Regierung) „als krankhafte Deutschenhasser, Freunde der Sowjets und fanatische Kriegstreiber den Krieg... mit Versessenheit bis zum Ende hin wollten, trotz all' der höchst annehmbaren Friedenschancen, die sich ihnen boten. Männer, die... durch die etwa 50 Millionen Toten, die sie auf dem Gewissen haben, nicht sehr in Verlegenheit gebracht zu sein scheinen."

Der amerikanische Publizist Walter Lippmann zur Geschichtspolitik der Alliierten durch „Umerziehung" oder „Gehirnwäsche": „Der Sieg über ein Land ist erst dann vollständig, wenn die Kriegspropaganda der Sieger Eingang in die Schulbücher des besiegten Landes gefunden hat und diese auch von den Leuten als Staatswahrheiten geglaubt werden."

Gerard Radnitzky, „Das verdammte 20. Jahrhundert - Erinnerungen und Reflexionen eines politisch Unkorrekten", 2006, S. 30

„Hitler und Goebbels war es, so sehr sie das auch wollten, nicht gelungen, das Bildungsbürgertum zu beseitigen. Erst die Frankfurter Schule hat das geschafft... Eine Verfassung, die man verbal ‚verletzen' kann, ist kein Rechtstext mehr, sondern ein theologisches Dokument... Die Medienmächtigen haben eine veröffentliche Meinung zustande gebracht, die eine geschichtslose Generation generiert. Ihre Geschichtslosigkeit verurteilt diese Generation, die Kriegspropaganda der Sieger als sachliche Geschichtsdarstellung zu akzeptieren... Die totalitären Züge der BRD werden immer deutlicher, man scheint sich wieder einmal auf dem Weg zum Gesinnungsstaat zu befinden... die Charakterwäsche war ein Langzeitprogramm."

ebenda, S. 316 ff.

„Die Deutschen bekamen im Mai 1945 anstelle eines Diktators vier Kolonialherren und wurden wie ein Kolonialvolk behandelt."

ebenda, S. 314

„Ich kann einfach nicht verstehen, daß deutsche Politiker nach all den schrecklichen Ereignissen der Vergangenheit unsere Soldaten so leichtfertig in einen Krieg schicken, der mit Sicherheit kein Verteidigungskrieg ist. Nur Verteidigungskriege sind nach unserer Verfassung zulässig, auch das nur im äußersten Notfall."
Jürgen Todenhöfer, Ex-CDU-Politiker und Buchautor, in: „Junge Freiheit", 10. 10. 2008

„Nicht die politischen Lehren Hitlers haben uns in den Krieg gestürzt; Anlaß war der Erfolg seines Wachstums, eine neue Wirtschaft aufzubauen. Die Wurzeln des Krieges waren Neid, Gier, Angst."
Der englische Generalmajor J. F. C. Fuller, in: „The Second World War", 1948

„Wir wollen Hitler weder rehabilitieren noch rühmen. Unser einziges Ziel ist es, ihn aus einer historischen Perspektive zu betrachten, die in Beziehung zu den geschichtlichen Tatsachen steht."
Peter H. Nicoll, schottischer Historiker

„Und das Problem, die Frage, ist im wesentlichen noch immer dieselbe: Nicht, wie wir es verhindern, daß deutsche Panzer über die Marne oder über die Oder rollen, sondern wie Europa mit einem Volk fertig wird, dessen Zahl, Talent und Effizienz es zu einer regionalen Supermacht werden läßt. Wir sind 1939 nicht in den Krieg eingetreten, um Deutschland vor Hitler oder die Juden vor Auschwitz oder den Kontinent vor dem Faschismus zu retten. Wie 1914 sind wir für den nicht weniger edlen Grund in den Krieg eingetreten, daß wir eine deutsche Vorherrschaft in Europa nicht akzeptieren konnten. Wie sollen wir jetzt darauf antworten, daß die den Deutschen nach dem Krieg auferlegten Beschränkungen ihrer Macht ganz sicher aufgehoben werden? Die realistische Antwort ist, daß wir nur einen geringen Einfluß darauf haben, was die Deutschen tun werden."
Die englische Sonntagszeitung „Sunday Correspondent" am 16. 9. 1989, nach: FAZ, 17. 9. 1989

„Damit man nicht glaubt, Hitler habe den Wahn für sich allein gepachtet, sei auf das 1941 erschienene Buch ‚Germany must perish' des Präsidenten der amerikanischen Friedensgesellschaft, Theodore N. Kaufman, verwiesen, der die gesamte deutsche Bevölkerung für immer vom Erdboden verschwinden lassen wollte und zwar durch totale Zwangssterilisation. Damals wußte man noch nichts von Hitlers Gaskammern."
Rudolf Augstein, Ex-Spiegel-Herausgeber, in: „Der Spiegel", Nr. 2/1985

„De Gaulle, Churchill und Stalin haben sich ausdrücklich zu der Auffassung bekannt, daß der Zeitraum von 1914-1945 als ein ‚Dreißigjähriger Krieg' geplant war, also vor Hitler die Zerstörung Deutschlands zum Ziele hatte."
Emil Maier-Dorn, „Zu v. Weizsäckers Ansprache vom 8. Mai 1985", S. 9

„Der Richter fand, daß gefangene Deutsche verschiedenen Formen der Mißhandlung unterworfen wurden, bis starke Männer zu gebrochenen Wracks wurden, bereit, jedes Geständnis zu murmeln, das ihre Ankläger von ihnen verlangten."
„Sunday Pictorial", 23. 1. 1949, Schlagzeile: „Americans torture Germans to extract confessions"

„Zu den von Richter van Roden enthüllten Überredungsmethoden gehörte, daß brennende Streichhölzer unter die Fingernägel der deutschen Gefangenen getrieben, daß Hoden (in 137 von 139 untersuchten Fällen) durch Fußtritte unheilbar beschädigt, daß den Gefangenen eine schwarze Haube über den Kopf gestülpt und ihre Gesichter dann mit Schlagringen bearbeitet und daß falsche Priester mit Kruzifix und Kerze zur Abnahme der Beichte zu den Gefangenen geschickt wurden, in der Hoffnung, auf diese Weise belastende Aussagen zu erlangen."
Russell Grenfell, „Bedingungsloser Haß", S. 167

„Wir haben kaltblütig Gefangene niedergeschossen, Krankenhäuser dem Erdboden gleichgemacht, Rettungsboote aus der Luft beschossen, feindliche Zivilisten mißhandelt oder getötet, feindlichen Verwundeten den Rest gegeben, Sterbende zusammen mit Toten in eine Grube geworfen und im Pazifik von Feindschädeln das Fleisch herunter gekocht und Tischaufsätze für Sweethearts daraus gemacht oder aus den Knochen der Feinde Brieföffner geschnitzt. Unseren Massenbomben- und Phosphorabwürfen auf feindliche Zivilisten setzten wir die Krone auf, indem wir Atombomben auf zwei so gut wie unverteidigte Städte warfen und damit einen für alle Zeiten gültigen Rekord im sekundenschnellen Massenmord aufstellten."
Edgar L. Jones, in: „The Atlantic Monthly", Februar 1946, unter dem Titel „Ein Krieg ist genug"

„Zur bewußten Aushungerungspolitik mit millionenfachen Todesfolgen von deutschen Zivilisten wie von deutschen Kriegsgefangenen, obwohl Nahrungsmittel nach Ende der Kampfhandlungen zumindest im Westen in mehr als ausreichendem Maße vorhanden waren", schreibt Reverend Nicoll:
„Roosevelt hatte offen erklärt, er wünsche, daß aus der ganzen deutschen Nation eine ‚Suppenküche' gemacht würde."
Peter H. Nicoll, „Englands Krieg gegen Deutschland", S. 472

„Mindestens 9,3 Millionen Deutsche starben unnötigerweise infolge der alliierten Nachkriegspolitik, viel mehr als während des gesamten Krieges im Kampf, durch Bombenabwürfe über deutsche Städte und in Konzentrationslagern ums Leben kamen. Millionen davon verhungerten langsam Tag für Tag vor den Augen der Sieger,

über Jahre hinweg. Über diese Toten ist niemals ehrlich berichtet worden, weder von den Alliierten noch von der westdeutschen Regierung."
James Bacque, „Verschwiegene Schuld", S. 138 f.

Das größte aller alliierten Verbrechen, neben den schon im Kriege geplanten Vernichtungsmaßnahmen eines Morgenthau (Dezimierung des deutschen Volkes durch Zerstörung seiner Industrie) und der von Theodore N. Kaufman geforderten Totalausrottung durch Zwangssterilisierung aller deutschen Männer, ist vielleicht der erst mehrere Jahre nach dem Krieg in verschleierter Form angelaufene Genozid am deutschen Volk, wie vom Harvardprofessor A. E. Hooton angeregt: „die deutsche Aggressivität" durch Vermischung mit möglichst vielen Einwanderern fremder Nationalität herauszuzüchten: „Warum sollte bei Menschen nicht gelingen, was bei Hunderassen gang und gäbe ist?"
Im gleichem Geiste äußert sich Wendell E. Wilkies, früherer US-Präsidentschaftskandidat: „Eines der Kriegsziele der US-Seite: Die Abschaffung der Reinrassigkeit in Deutschland!',"
Heinz Nawratil, „Der Kult mit der Schuld", S. 165; siehe auch Ulrich Bäcker, „Roosevelts Mordquartett"

„Zwar verunglimpfen wir regelmäßig andere Gesellschaften als Schurkenstaaten, doch wir selbst sind zum größten Schurkenstaat überhaupt geworden."
Gore Vidal, „Ewiger Krieg für ewigen Frieden", S. 130

„Wir haben 1945 angefangen, uns den Globus zu erobern. Die NATO wurde nicht eingerichtet, um die armen Europäer vor den Russen zu schützen, sondern um die totale Kontrolle über Westeuropa zu erlangen. Meine Botschaft an die Leser lautet deshalb: Nehmen Sie die offizielle Politik der USA nicht ernst! Es macht keinen Unterschied, wer gewählt wird. Das Land wird längst von Großkonzernen geleitet. Die entscheiden, wer auf verschiedenen Ebenen der Regierungsgewalt dienen darf. Und sie sind niemandem auf Erden verantwortlich."
Gore Vidal, in: „Berliner Zeitung", 3. 1. 1997

„Eine ganze Nation wurde in Friedenszeiten zunichte gemacht; werden diese Ereignisse von deutschen Überlebenden aber nur erwähnt, so bekommen sie von der eigenen Regierung sogleich einen Maulkorb verpaßt... Von Historikern werden Lügen verbreitet, welche die Verbrecher in Schutz nehmen und die Opfer diffamieren. Niemand darf in Deutschland nach den Leichen ermordeter Kriegsgefangener graben. Niemals ist die Geschichte derart erfolgreich auf den Kopf gestellt worden. Niemals ist irgendeine andere Nation so gewaltsam sich selbst und ihrer Geschichte entfremdet worden. Was für die westlichen Demokratien ebenso gilt."
James Bacque, „Verschwiegene Schuld", S. 152

„Es gehört zu dem faszinierendsten Phänomen unserer Zeit, in welchem Ausmaß eine militärische Niederlage die Geschichtsschreibung und das allgemeine Geschichtsbewußtsein beeinflußt und der Sieger von moralischen Urteilen verschont bleibt."

Winfried Martini, „Der Sieger schreibt die Geschichte", S. 11

„Nun fangen wir erst richtig an. Wir werden diese Greuelpropaganda fortsetzen, wir werden sie steigern, bis niemand mehr ein gutes Wort von den Deutschen annehmen wird, bis alles zerstört sein wird... und bis die Deutschen selbst so durcheinander geraten sein werden, bis sie nicht mehr wissen, was sie tun,"

Prof. E. Grimm, „Mit offenem Visier", 1961; Auszug aus einem Gespräch mit einem ehemaligen britischen Geheimdienstmann

„Den Deutschen ist ein Schuldgefühl aufgezwungen worden und zu Unrecht auferlegt."

Ronald Reagan, ehem. US-Präsident, am 5. 5. 1985 in Bitburg, an den Gräbern deutscher Soldaten

„Das deutsche Kriegsschuldbewußtsein stellt einen Fall von geradezu unbegreiflicher Selbstbezichtigungssucht ohnegleichen in der Geschichte der Menschheit dar. Ich kenne jedenfalls kein anderes Beispiel in der Geschichte dafür, daß ein Volk diese nahezu wahnsinnige Sucht zeigt, die Schuld auf sich zu nehmen an einem politischen Verbrechen, das es nicht begangen hat, es sei denn jenes Verbrechen, sich selbst die Schuld am Zweiten Weltkrieg aufzubürden."

Der US-Historiker Prof. H. E. Barnes, in: Prof. Emil Schlee, „Deutschland und die Kriegschuldfrage", S. 15

Hamilton Fish, 1920-1945 Mitglied des US-Kongresses (Republikaner), Offizier im Ersten Weltkrieg, Schriftsteller und Historiker. In seinem Buch „Der zerbrochene Mythos" setzte er sich kritisch mit F. D. Roosevelts Kriegspolitik auseinander. Nachstehend einige Zitate:
„Roosevelts Kriegskabinett wurde weitgehend von der Presse der Ostküste in der Kriegsfrage unterstützt. Die weitreichende Kriegspropaganda wurde durch internationale Banken, Waffenproduzenten und Großkonzerne wirkungsvoll finanziert... Die meisten Mitglieder des Rooseveltschen Kabinetts, einschließlich General Marshall, würden für einen Krieg gegen Patagonien eingetreten sein, wenn man damit zu einem Krieg gegen Deutschland gekommen wäre."

ebenda, S. 17/18

„Bereits im April 1939 (!), also vier Monate vor Ausbruch des Krieges, wurde dem amerikanischen Volk klar, daß die Roosevelt-Regierung sich offen für den Krieg

64

entschieden hatte... Die Kriegshysterie wurde zur Raserei angeheizt. Die Haßkampagne ging vom Weißen Haus aus..."
ebenda, S. 38/39

„Die vier Freiheiten der ‚Atlantik-Charta' – Freiheit der Rede, der Religion, Freiheit von Furcht und Not klangen erhaben und idealistisch. In Wirklichkeit wurden sie als Propaganda-Ente und politischer Trick benutzt, um die Völker gegen Hitler, Mussolini und Tojo aufzuhetzen, aber bei den Konferenzen von Teheran und Jalta waren sie ausrangiert und vergessen. Die Frage: Wie konnte sich Churchill... mit Stalin einlassen...? Die Antwort: Er wurde von Roosevelt dazu gezwungen."
ebenda, S. 76/77

„Die Frage erhebt sich, woher nun die 15 % der Bevölkerung kamen, die für den Krieg eintraten? Es handelte sich um eine kleine, finanziell bestens ausgestattete Gruppe aus Bankkreisen und der Nordost-Presse... 85 % des amerikanischen Volkes und 75 % der Mitglieder des Kongresses standen gegen jedes militärische Eingreifen..."
ebenda, S. 41 und 151

„Roosevelt war es, der das amerikanische Volk durch Vorspiegelungen und Tricks in den Krieg mit 300.000 Toten und 700.000 Verwundeten führte. Das Schlimmste aber ist, daß ein kranker, dahinsiechender Präsident in Jalta einen großen Teil der freien, demokratischen Welt dem Stalinschen Kommunismus auslieferte."
ebenda, S. 256

„Die herrschenden Kreise Frankreichs und Englands haben beide Deutschlands Friedensvorschläge... nach rascher Beendigung des Krieges in verletzender Weise zurückgewiesen. Das sind die Tatsachen."
Johann W. Brügel, „Stalin und Hitler - Pakt gegen Europa", Wien, 1973, Nr. 180

„Es muß klar gesagt werden, daß der kriegsprovozierende Streitfall um Danzig friedlich hätte geregelt werden können und England ebenso wie Frankreich jedenfalls nicht in einen Krieg mit Deutschland verwickelt worden wären, wenn Churchill und Roosevelt niemals gelebt hätten."
Hamilton Fish, „Der zerbrochene Mythos", 1982, S. 196

„Hitler war 1939 zwar militärisch und wirtschaftlich zu einem kurzen Krieg gegen Polen in der Lage, zu mehr jedoch nicht... Bis September 1939 gab es in keinem deutschen Wirtschaftszweig eine Produktion, die Kriegsvorbereitungen auch nur ahnen ließ."
Werner Maser, „Der Wortbruch", München, 1994, S. 129

„Den Weltkrieg haben England und Frankreich mit ihrer unbegründeten Kriegserklärung an Deutschland herbeigeführt, indem sie sich in deutsche Angelegenheiten einmischten, wie England das seinerseits niemals zulassen würde. Das große ‚Unrecht‘, das Deutschland begangen hatte, war die Weigerung, sich weiterhin dem Diktat dieser beiden Mächte zu beugen."

Peter H. Nicoll, „Englands Krieg gegen Deutschland", S. 204

„F. D. Roosevelt verweigerte das Gespräch mit dem japanischen Premier (auf das der amerikanische Botschafter gedrängt hatte!), einfach, weil er zum Krieg mit Japan und durch ihn mit Deutschland entschlossen war."

Hamilton Fish, „Der zerbrochene Mythos", S. 162

„Die Freiheit der Presse, für deren Erhaltung unsere Vorfahren kämpften und bluteten, ist nur noch ein Mythos! Wessen Freiheit? Wessen Presse?"

Curtis B. Dall, Roosevelts Schwiegersohn, „Amerikas Kriegspolitik", 1970, S. 195

„Die Deutschen haben niemals daran gedacht, die Welt zu erobern. Kein Geringerer als General G. C. Marshall, unser Chef des Stabes, berichtete dem Präsidenten nach der Vernichtung des Reiches, daß die Deutschen niemals einen Plan zur Welteroberung hatten."

G. Grossmann, „Antigermanismus im 20. Jahrhundert", S. 243

General Fuller, führender britischer Militärhistoriker, urteilt in seiner „Geschichte des Zweiten Weltkrieges": „Wäre Churchill ein weitblickender Staatsmann (gewesen), so würde er das Äußerste getan haben, die Vernichtung Deutschlands zu verhindern, weil... das nur die Errichtung einer weit mächtigeren und brutaleren Hegemonie über Europa bedeuten konnte (S. 401). Zum Unglück für sein eigenes Land sei aber leider Weitsicht nicht Mr. Churchills herausragende Eigenschaft gewesen."

Prof. Dr. Erich Schwinge, „Bilanz der Kriegsgeneration", Marburg, 1979, S. 42

„Niemals ist irgendeine andere Nation so gewaltsam sich selbst und ihrer Geschichte entfremdet worden."

James Bacque „Verschwiegene Schuld", S. 152

„Roosevelt, Churchill und Stalin haben in Jalta 1945 so unmoralische Entschlüsse gefaßt, daß dieser Ort mit jedem Jahr mehr zu einem Symbol internationaler Unanständigkeit geworden ist."

Georg N. Crocker, US-amerikanischer Publizist, in: „Roosevelts Road to Russia", übersetzt 1960 unter dem Titel „Schrittmacher der Sowjets"

„Von moralischen Anklagen gegen das deutsche Volk als Ganzes sollten die alliierten Nationen schon deshalb Abstand nehmen, weil sie wahllos Dresden, Hamburg und Bremen bombardiert haben."
Yehudi Menuhin, in: Gerard Menuhin, „Die Antwort", FZ Verlag, 2007, S. 22

„Die Zeit ist lange vorbei, daß wir die Deutschen als das einzige schreckliche Volk brandmarken konnten. Sehen Sie sich an, was China gemacht hat, sehen Sie sich nur an, was Stalin gemacht hat, sehen Sie sich an, was die Israelis jetzt machen."
Yehudi Menuhin, ebenda, S. 25

„Ich glaube, daß ein Jude der erste sein sollte, der gegen diese barbarische Legende von der Kollektivschuld aufsteht."
Yehudi Menuhin, ebenda, S. 29

„Ein Volk, das sich 60 Jahre nach Kriegsende mit den damaligen Geschehnissen einschüchtern läßt, ist nicht gesund."
Gerard Menuhin, ebenda, S. 51

„Kapitalgewaltige haben sowohl den US-Präsidenten Wilson in den Ersten wie Roosevelt in den Zweiten Weltkrieg dirigiert." Im Zweiten Weltkrieg sei es diesen Kräften vor allem darum gegangen, das schnell wachsende deutsche Tauschhandelsystem (Ware gegen Ware) auszuschalten, das die Goldmonopolisten bedroht habe. Der Börsenkrach an der Wall Street 1929 („Schwarzer Freitag") sei nach seinen Erkenntnissen von den Finanzmächtigen bewußt herbeigeführt worden. Leute wie Morgenthau, Baruch, Harry Dexter White und Alger Hiss hätten Roosevelt „gefangengehalten". Der Einfluß der Baruch, Morgenthau und Co. habe dazu geführt, daß Roosevelt jede Friedenssondierung, auch des deutschen Widerstandes, kategorisch ablehnte.
Curtis B. Dall, Roosevelts Schwiegersohn, in seinem Buch „Amerikas Kriegspolitik - Roosevelt und seine Hintermänner", Tübingen, 1972

„Unter die positiven Leistungen Hitlers muß an erster Stelle, alles andere in den Schatten stellend, sein Wirtschaftswunder genannt werden... Im Januar 1933, als Hitler Reichskanzler wurde, gab es in Deutschland sechs Millionen Arbeitslose. Drei kurze Jahre später, 1936, herrschte Vollbeschäftigung... An die Stelle von Ratlosigkeit und Hoffnungslosigkeit waren Zuversicht und Selbstvertrauen getreten... Der Übergang von Depression zu Wirtschaftsblüte war ohne Inflation erreicht worden, bei völlig stabilen Löhnen und Preisen. Das ist später nicht einmal Ludwig Erhard gelungen."
Sebastian Haffner, „Anmerkungen zu Hitler", S. 30/31; Günter Grossmann, „Von Versailles bis Maastricht", 1998, S. 42/43

Im Sommer 1991 erhielt der Leiter der Zeitgeschichtlichen Forschungsstelle Ingolstadt, Dr. Alfred Schickel, diplomatische Akten aus Washington und London. Er berichtet darüber: „Da überliefert ein Bericht zweier britischer Sondergesandter vom 13. 6. 1939 die sichere Erwartung Warschaus, den bevorstehenden Krieg mit Deutschland binnen Jahresfrist siegreich zu beenden und vom geschlagenen deutschen Nachbarn neben Ostpreußen halb Schlesien und Ostpommern zu nehmen... die deutsche Bevölkerung dieser Gebiete sollte ins Reich transferiert, also aus der Heimat ausgewiesen werden."

Dr. Alfred Schickel, „Polnische Pläne für Nachkriegsdeutschland", „Deutscher Ostdienst Nr. 35"
vom 30. 8. 1991, S. 7

Über das grausame Schicksal deutscher Kriegsgefangener in amerikanischen und französischen Lagern 1945/1946 berichtet James Bacque in seinem Buch „Der geplante Tod", erschienen bei „Pour le Mérite", 2008. Zitate aus Vorbemerkungen des Autors und dem Vorwort des US-Obersten Dr. Ernest F. Fischer: „In die vorliegende Ausgabe sind aktuellste Erkenntnisse zur Unterdrückung von Beweisen durch die Regierungen Deutschlands, der USA und der Sowjetunion eingearbeitet worden. Neu gewonnene Informationen aus dem Zentralen Staats-Sonderarchiv in Moskau haben die in diesem Buch vertretenen Thesen im wesentlichen bestätigt... Mehr als 5 Millionen deutsche Soldaten in den amerikanischen und französischen Zonen wurden in Stacheldrahtkäfigen zusammengepfercht, viele von ihnen Schulter an Schulter. Der Boden unter ihnen entwickelte sich bald zu einem Sumpf aus Dreck und Krankheit. Dem Wetter ausgesetzt, ohne jegliche auch nur primitive sanitäre Einrichtungen, dazu unterernährt, begannen die Gefangenen sehr bald an Hunger und Krankheiten zu sterben. Vom April 1945 an vernichteten die amerikanischen und französischen Armeen ungefähr 1 Million Männer vornehmlich in den amerikanischen Lagern. Niemals seit den Greueln während des amerikanischen Bürgerkrieges hatten solche Grausamkeiten unter amerikanischer Militärkontrolle stattgefunden. Mehr als 4 Jahrzehnte lag diese beispiellose Tragödie in alliierten Archiven verborgen."

Die politisch völlig unkorrekte Frage, die der Kanadier James Bacque in seinem aufsehenerregenden Buch stellt, soll hier wörtlich zitiert werden: „Warum ignoriert die Bundesregierung bis zum heutigen Tage die an den eigenen Bürgern begangenen Greueltaten, während sie sich zu allen Arten der von den Nazis begangenen Greuel freimütig bekennt? Werden die Deutschen durch ihre eigene Regierung von der Schutzfunktion ausgeschlossen, welche die ‚Allgemeine Erklärung der Menschenrechte der Vereinten Nationen' gewährt?"

Joseph Kennedy, ehemaliger Botschafter der USA in London, sagte im Dezember 1945:

„Weder die Franzosen noch die Briten hätten aus der deutsch-polnischen Frage einen Kriegsgrund gemacht, wenn nicht Washington dauernd gebohrt hätte."
Gerd Schultze-Rhonhof, „Der Krieg, der viele Väter hatte", S. 558

Winston Churchill als Kriegsberichterstatter der „Morning Post" im Burenkrieg (1899-1902): „Es gibt für uns ein Mittel, den Widerstand der Buren zu brechen. Das ist die härteste Unterdrückung... Wir müssen die Eltern töten, damit die Kinder Respekt vor uns haben."
„Der Große Wendig", Band 1, S. 68

Mit 135.000 Toten war Dresden am 13./14. 2. 1945 „the greatest single Holocaust by war". „Die Vernichtung Dresdens war ein Akt beispielloser Barbarei, und Winston Churchill trägt dafür die Verantwortung."
Der englische Historiker Harald Nicholson am 5. 5. 1963 im „Observer" unter der Überschrift
„Unworthy of our History"

General J. F. C. Fuller nannte die Zerstörung Dresdens einen „Akt des Vandalismus und einen Rückfall in Methoden primitiver Barbarei". Lord Boothby sprach von dem „heimtückischsten Akt der ganzen britischen Geschichte". Liddell Hart schreibt in seiner „Geschichte des Zweiten Weltkrieges": „ Dieser große Terrorangriff erfolgte in der bewußten Absicht, ein Blutbad unter der Zivilbevölkerung und den vielen Flüchtlingen anzurichten." Am 3. 5. 1963 veröffentlichte Richard Crossmann im „New Statesman" einen Artikel mit der Überschrift „War Crime": „Die Zerstörung von Dresden im Februar 1945 war eines jener Verbrechen gegen die Menschlichkeit, deren Urheber in Nürnberg unter Anklage gestellt worden wären, wenn jener Gerichtshof nicht in ein bloßes Instrument alliierter Rache pervertiert worden wäre." Amerikanische Quellen sprechen von 250.000 Todesopfern, der Dresdener Polizeipräsident erwartete am 2. 3. 1945 mindestens 250.000 Tote, das Internationale Komitee des Roten Kreuzes in Genf (IKEK) schätzte die Zahl auf 275.000, und der mit der Bergung und Registrierung der Toten beauftragte Freiherr von Fritsch-Seehausen bezeichnete die Zahl von 300.000 als unterste Grenze.

„Wer das Weinen verlernt hat, der lernt es wieder beim Untergang Dresdens. Ich stehe am Ausgang meines Lebens und beneide alle meine toten Geisteskameraden, denen dieses Erlebnis erspart blieb." (Gerhart Hauptmann, der sich zum Zeitpunkt der Terrorangriffe in einem Dresdner Sanatorium befand.)
Wolfgang Popp, „Wehe den Besiegten", S. 220

„Wir wissen, daß kein britischer oder amerikanischer Pilot oder Politiker wegen dieser unmoralischen, völkerrechtswidrigen Luftangriffe zur Verantwortung gezogen wurde. Das Recht ist nicht mit seiner Umsetzung identisch. Als Amerikaner bedauere ich zutiefst, daß diese Kriegsverbrechen auch im Namen Amerikas begangen wurden."

Professor Dr. Alfred de Zayas, US-amerikanischer Völkerrechtler

Der britische Philosoph Anthony Grayling beurteilt das „Area bombing" der Royal Air Force als militär-strategisch sinnlos und rechtlich wie ethisch als Kriegsverbrechen.

A. Grayling, „Die toten Städte", 2007

„Es gibt nichts Unerträglicheres als diesen Typ des Sühnedeutschen, der nichts anderes tut, als auf den Knien herumzurutschen und die Welt um Verzeihung zu bitten, daß er existiert."

Otto von Habsburg, in: „Münchner Merkur", 15. 6. 1989

„Der Versuch, ein ganzes Volk und speziell seine Jugend durch das Wiederaufwärmen von Kollektivschuld- und ähnliche Thesen zu neurotisieren, muß mißlingen. Dafür spricht schon die heillose Konfusion, in der sich die Neurotisierer selbst befinden. Sie geben sich als Aufklärer aus und sind zu feige, mit Andersdenkenden in einen offenen Dialog zu treten".

Günter Zehm, in: „Die Welt" vom 16. 12. 1987

„Manchmal begegne ich Deutschen, die sich beinahe wollüstig einem grenzenlosen Schuldgefühl hingeben, das letztes Endes jeden sachlichen Dialog verhindert."

Der israelische Schriftsteller David Grossmann in der österreichischen „Kronenzeitung" vom 29. 1. 1995, in: Josef A. Kofler, „Die falsche Rolle mit Deutschland", 2008, S. 94

„Schuld oder Unschuld eines ganzen Landes gibt es nicht. Schuld ist… nicht kollektiv, sondern persönlich… Der ganz überwiegende Teil unserer heutigen Bevölkerung war zu damaliger Zeit entweder im Kindesalter oder noch gar nicht geboren. Sie können nicht eine eigene Schuld bekennen für Taten, die sie gar nicht begangen haben!"

Der ehemalige Bundespräsident Richard v. Weizsäcker am 8. 5. 1985

Der evangelische Theologe Bonhoeffer: „Aber das Bekenntnis muß gerettet werden, auch wenn ein ganzes Volk dafür zugrunde geht… Ich bete für die Niederlage meines Vaterlandes." Und der deutsche Pfarrer Barth äußerte sich 1941 in Genf wie folgt: „Ein nationalsozialistischer Sieg wäre für uns die denkbar größte Niederlage – dann lieber ein verwüstetes Deutschland."

H. Schröcke, „Kriegsursachen, Kriegsschuld", Viöl, 2000, S. 125

„Der kommende Friedensvertrag muß weit härter werden als Versailles. Wir dürfen keinen Unterschied machen zwischen Hitler und dem deutschen Volk."
Duff Cooper, britischer Informationsminister, am 25. 4. 1940

„In Wirklichkeit sind die Deutschen das einzige anständige in Europa lebende Volk." General George Patton, 1945 (zitiert nach: „Patton Papers"). Patton war bekannt für noch andere sehr kritische Bemerkungen bezüglich der damaligen Besatzungspolitik. Im Herbst 1945 hatte er bei Heidelberg einen Autounfall, bei dem er sich den Arm brach. Während der Behandlung des Armes soll dieser sonst kerngesunde Mann „an Herzversagen" gestorben sein.

„Im Gegensatz zu dem, was man allgemein glaubt, ist die geschichtliche Darstellung der Tatsachen, auf welcher der Urteilsspruch des Nürnberger Gerichtes beruht, nicht der Wahrheit entsprechend."
Lord Hankey 1950 in „Trials and Errors"

„In diesen Prozessen ist das Prinzip amerikanischen Rechtes verletzt, daß niemand nach einem später ergangenen Gesetz unter Anklage gestellt werden kann. Ein Gerichtsverfahren der Sieger über die Besiegten kann niemals unparteiisch sein… Über diesen Urteilsspruch hängt von vornherein der Geist der Rache… Der Tod der elf Männer am Galgen ist für die Vereinigten Staaten ein Schandfleck, der uns noch lange belasten wird."
Robert A. Taft, US-Senator, im Oktober 1946 im US-Senat zu den „Nürnberger Prozessen"

„Die Saat der Ereignisse, die die westliche Welt in eine neue Katastrophe im Jahre 1939 stürzte, wurde in ihrer Gesamtheit schon in den Jahren vor 1939 von den Alliierten gesät."
George F. Kennan, amerikanischer Spitzendiplomat, 1951 in „American Diplomacy 1900-1950"

„Den Deutschen gegenüber bindet uns keine Vereinbarung irgendwelcher Art. Das ist genau der Sinn der bedingungslosen Kapitulation."
Winston Churchill am 22. 2. 1944 vor dem britischen Unterhaus. Im Jahre 1955 erhielt Churchill den „Karlspreis" der Stadt Aachen.

„Deutsche Helden müßte die Welt, tollwütigen Hunden gleich, einfach totschlagen."
Joseph (Joschka) Fischer, ehemaliger Außenminister der Regierung Schröder, 1982 in der Frankfurter Linkspostille „Pflasterstrand"

„Es ist nichts Großes dabei, wenn ein Volk seine Krieger ehrt, die da siegreich heimkehren. Aber wie groß und edel müßte ein Volk sein, das seinen Männern, die geschlagen zurückkommen, noch Kränze flicht."
Ernst von Dombrowski, „Das Lamm im verlorenen Haufen", München

„Jetzt steht fest, daß vor der ganzen „(Wehrmacht-)Ausstellung" gewarnt werden muß... Warum hat kein deutscher Historiker die vielen Fehler und Täuschungen aufgedeckt? Die Antwort geben Geschichtsprofessoren nur, wenn unsereiner verspricht, seinen Namen nicht zu nennen: Jeder Historiker hat sofort gesehen, wie schlampig und suggestiv die Ausstellung eingerichtet war, aber wer hat schon Lust, sich öffentlich fertig machen zu lassen?"

Helmut Markwort, Chefredakteur des „Focus", „Focus"-Tagebuch 43/1999

„Für mich als Este ist es kaum nachzuvollziehen, warum die Deutschen ihre eigene Geschichte so tabuisieren, daß es enorm schwierig ist, über das Unrecht gegen die Deutschen zu publizieren oder zu diskutieren, ohne dabei schief angesehen zu werden, aber nicht etwa von den Esten oder Finnen, sondern von Deutschen selbst."

Der estnische Staatspräsident Lennart Meri in seiner Festrede im Oktober 1995 in Berlin

„Alle Rechte und Verpflichtungen, die durch gesetzgeberische, gerichtliche oder Verwaltungsmaßnahmen der alliierten Behörden oder aufgrund solcher Maßnahmen begründet oder festgestellt worden sind, sind und bleiben in jeder Hinsicht nach deutschem Recht in Kraft..."– „Die Frage der Reparationen wird durch den Friedensvertrag zwischen Deutschland und seinen ehemaligen Gegnern oder vorher durch diese Frage betreffende Abkommen geregelt werden." – „Die Bundesrepublik wird in Zukunft keine Einwendungen gegen die Maßnahmen erheben, die gegen das deutsche Auslands- oder sonstige Vermögen durchgeführt worden sind oder werden sollen..."

28. 9. 1990 – Vereinbarung zu dem „Vertrag über die Beziehungen zwischen der Bundesrepublik Deutschland und den Drei Mächten" (1. Teil, Art. 2; BGBl. 1990, Teil II, Seite 1398; der sog. „Zwei-plus-Vier-Vertrag")

„Hat man die Männer an den Schalthebeln zeitgemäßer Massenbeeinflussung, hat man die Presse, Verlage, Rundfunk und Fernsehen, dann hat man die bleibende, unsichtbare Besatzung, die billigste und wirksamste zugleich, die es gibt. Besser als jede Einmischung von außen, sorgt sie von sich aus dafür, daß kein Unabhängiger je wieder zu Macht und Einfluß gelangt."

Der britische Professor A. J. P. Taylor, in: Karl Seeger, „Generation ohne Beispiel", Verlag für Zeitgeschichte, 1991, S. 58

„Pressefreiheit ist die Freiheit von 200 reichen Leuten, ihre Meinung zu verbreiten."

Paul Sethe, langjähriger Mitherausgeber der FAZ, am 5. 5. 1965 in einem Brief an den „Spiegel", ebenda, S. 54

„Das Abwälzen der Urschuld nur auf einen einzigen Beteiligten, nämlich auf Deutschland, ist nicht nur in höchstem Maße unmoralisch, sondern stellt in Wahrheit ein Verbrechen gegen die Menschlichkeit dar."
ebenda, S. 55

„Amerika zahlte dem Marshallplan entsprechend an England 3,6 Mrd. Dollar, an Frankreich 3,1 Mrd., an Italien 1,5 Mrd. und an Deutschland 1,6 Mrd. Dollar. Als einziges Land bekam West-Deutschland die Wirtschaftshilfe nicht geschenkt, die Schuld wurde innerhalb weniger Jahre zurückgezahlt."
Josef A. Kofler, „Die falsche Rolle mit Deutschland", 2008, S. 82

Der englische General Sir Francis Tucker im Dezember 1955 in der Zeitschrift „Twentieth Century":
„Der deutsche Generalstab hatte einen blinden Fleck in seinem Gesichtsfeld, der in zwei Weltkriegen zur Katastrophe führte. Er begriff niemals die Wirklichkeit des totalen Krieges. Total ist die Art von Krieg, die eine Demokratie führt, welche ihr Gewissen zum Fenster hinausgeworfen hat. Sie führt ihn gründlich, unnachgiebig und grausam."
Peter H. Nicoll, „Englands Krieg gegen Deutschland", Grabert-Verlag, 2000, S. 298

„Nein, wir müssen schon zugeben, daß England keinen erkennbaren Grund hatte, Deutschland zu bekämpfen, wenn nicht den, daß es wieder zu einem beherrschenden Staat auf dem Kontinent, zu einem Handelsrivalen und somit zu einer Gefahr für Englands Reichtum und Macht in der Welt zu werden drohte."
ebenda, S. 206

Ein Beispiel zum Umgang mit der deutschen Vergangenheit ist die Ausstellung „Vernichtungskrieg – Verbrechen der Wehrmacht 1941-1945".
„Es ist wahrscheinlich in der Geschichte der Völker einmalig, daß Angehörige eines Volkes, unterstützt von linken Parteien und Gruppierungen, eine Wanderausstellung organisieren, deren erklärtes Ziel es ist, die Generation ihrer eigenen Väter bewußt und pauschal zu Verbrechern zu stempeln – und das auf höchst primitive Weise. ... Der Historiker Walter Post hat Ende 1999 nachgewiesen, daß nicht nur einige Fotos ‚falsch zugeordnet' waren und diese letztlich keinen Beweiswert haben, sondern daß vor allem der Kernsatz ‚Vernichtungskrieg gegen ein ganzes Volk' schlichtweg falsch ist."
Gerhard Baumfalk, „Tatsachen zur Kriegsschuldfrage", Grabert-Verlag, 2000

„Deutschland ist eine Art ‚Canossa-Republik' geworden, eine Republik der Reue. Aber wenn man die Moral zur Schau stellt, riskiert man, nicht ernst genommen zu werden. … Für mich als Este ist kaum nachzuvollziehen, warum die Deutschen ihre eigene Geschichte so tabuisieren, daß es enorm schwierig ist, über das Unrecht zu publizieren und zu diskutieren, das Deutschen angetan wurde, ohne schief angesehen zu werden – aber nicht von Esten und Finnen, sondern von Deutschen selbst."

Lennert Meri, Präsident Estlands, am 3. 10. 1995 in Berlin

„Zwar brachten die Alliierten Hitlers Sklaven die Freiheit, doch übten sie auch Rache in einer Weise, welche die Welt nie zuvor gesehen hatte. Wenigstens 7 Millionen deutsche Zivilpersonen kamen nach dem Krieg um, dazu noch 2 Millionen Kriegsgefangene… Ohne Wahrheit bricht die Demokratie zusammen. Die im Verlauf dieses Jahrhunderts von den Demokratien an Buren, Deutschen, Iren, Kambodschanern, Vietnamesen und anderen Völkern begangenen Greuel wurden im Geheimen geplant, so gut wie möglich getarnt und hinterher von den Meinungsmachern in Armee und Regierung, Wissenschaft und Journalismus vertuscht."

James Bacque, „Verschwiegene Schuld", Verlag Pour le Mérite, 2002

„Die Alliierten haben in ethischer Hinsicht kein Recht, die Nazi-Angeklagten in Nürnberg hinzurichten. Die Atombombe hat unser moralisches Getue aus dem Gerichtssaal in den Wind geblasen. Nachdem wir die Bombe ohne Vorwarnung abgeworfen und das völlig unnötig ein zweites Mal getan haben, sind wir nicht mehr moralisch berechtigt, irgendjemanden aufzuhängen, auch wenn er es verdient."

Der britische Dramatiker George Bernard Shaw, in: Franz W. Seidler, „Das Recht in Siegerhand", Verlag Pour le Mérite, 2007, S. 5

Kapitel VI
Der 8. Mai 1945 – ein Tag der Befreiung?
Geteilte Erinnerungen

„Ich tu das Bös' und schreie selbst zuerst. Das Unheil, das ich angestiftet, leg' ich den andern dann zur schweren Last. Und so bekleid ich meine nackte Bosheit mit alten Fetzen aus der Schrift gestohlen und schein ein Heil'ger, wo ich Teufel bin."

Shakespeare, „Richard III."

„Wenn es gilt, in Masse über einen einzelnen herzufallen, sind die Deutschen immer dabei, es muß nur ungefährlich sein."

Ernst Jünger, „Siebzig verweht", III, S. 209

„Wir müssen das, was wir denken, sagen.
Wir müssen das, was wir sagen, tun.
Wir müssen das, was wir tun, dann auch sein."

Alfred Herrhausen (geb. 1930, ermordet 1989), Vorstandssprecher der Deutschen Bank

„Ein Land ist kein freies Land, in dem die freie Rede durch drastische Strafen unterlaufen ist. Der große Kant sagte über die Redefreiheit, man müsse über alles sprechen können, ob wahr oder unwahr. Mit dem Holocaust mag gewesen sein, was will, ich war nicht dabei. Aber ich rede auch nicht darüber, weil es verboten ist. Man darf das nicht diskutieren, auch nicht wissenschaftlich. Der Straftatbestand ‚Volksverhetzung' verhindert es. Das ist kein freies Land."

Prof. Karl Albert Schachtschneider 2007 in einem Vortrag in Salzburg

„Der Widerstand gegen Hitler nimmt täglich zu."

Lorenz Jäger, FAZ, 25. 6. 2004

Alfred E. Zips
Der 8. Mai 1945 – ein Tag der Befreiung? - Geteilte Erinnerungen

In seiner denkwürdigen und zugleich umstrittenen Rede zum 40. Jahrestag der Kapitulation der deutschen Wehrmacht am 8. Mai 1945 sprach der damalige Bundespräsident Richard v. Weizsäcker von einem „Tag der Befreiung". (Zur Erinnerung: Die nachfolgende Vertreibung von 15 Millionen Deutschen nannte er in dieser Rede eine „erzwungene Wanderschaft".) Seitdem wird dieser Begriff von den führenden politischen Kreisen und den Medien allgemein benutzt. Nicht nur die Heimatvertriebenen fragen allerdings: War dieser Tag tatsächlich eine „Befreiung", oder war es nicht vielmehr auch eine Fortsetzung der Leidenszeit für unser Volk? Ein Blick auf die dem „Tag der Befreiung" folgenden Jahre, auf das schwere Schicksal, die unsäglichen Opfer und Leiden des deutschen Volkes unter der Besatzung durch die Siegermächte genügt, um feststellen zu müssen, daß dieser Begriff irreführend und eine Verzerrung der Wirklichkeit ist. Wirklich befreit wurden die Inhaftierten der Konzentrationslager, die in den besetzten Gebieten Verfolgten und Unterdrückten, Gefangene und Dissidenten, also Menschen, die unter dem NS-Terror gelitten haben. Deshalb ist es nur zu verständlich, daß diese den 8. Mai 1945 als ihre Befreiung begrüßten und wiederkehrend daran erinnern. Doch anders, als sehnlichst erhofft, war dieser Tag für die große Mehrheit unseres Volkes der Beginn einer weiteren Katastrophe, die Fortsetzung der Leiden, Entbehrungen und Ängste des Krieges. Bittere Wahrheiten, die Richard v. Weizsäcker auszusprechen vergaß:

- 12 Millionen deutsche Soldaten gerieten, z. T. für mehr als zehn Jahre, in Gefangenschaft. Unter Mißachtung von Kriegsvölkerrecht und Genfer Konvention starben über
- 3 Millionen von ihnen in den alliierten Lagern, davon vermutlich fast 1 Million in den Lagern der Amerikaner und Franzosen (s. James Bacque, „Der geplante Tod").
- Nahezu 500.000 deutsche Zivilisten aus den ostdeutschen Gebieten, ca. 3.000 Sudetendeutsche und 160.000 Deutschstämmige aus Südosteuropa, darunter auch Kinder, wurden zur Zwangsarbeit in die Sowjetunion deportiert. Allein auf den Transporten nach Rußland starben ca. zehn Prozent an Mißhandlungen, Hunger und Kälte. Insgesamt die Hälfte der Verschleppten starb in den Lagern – verscharrt, namenlos.
- In Polen und den polnisch besetzten Gebieten gab es in 1.255 Lagern mehr Tote als bei den Vertreibungstransporten. Allein in dem berüchtigten Lager Lamsdorf/Oberschlesien starben von 8.000 Insassen über 6.000.
- In der Tschechoslowakei wurden nach dem Krieg über 2.000 Arbeits-, Straf- und Internierungslager unterhalten. Die Grausamkeiten in diesen Lagern waren unbeschreiblich, Tausende wurden zu Tode gefoltert.

- Noch schlimmer – wenn eine Steigerung der Grausamkeiten überhaupt richtig zu beschreiben ist – waren die Zustände in den über 1.500 jugoslawischen Lagern und Gefängnissen. Man unterschied zwischen Arbeitslagern und Vernichtungslagern. Die Todesraten waren entsetzlich und betrugen ca. 50 Prozent.
- Ca. 15 Millionen Menschen wurden aus ihren Heimatländern vertrieben: entrechtet, enteignet, entwürdigt. Mindestens 2,5 Millionen kamen bei den Vertreibungsexzessen ums Leben.
- Bis zum Jahre 1950 starben ca. 7 Millionen Deutsche – also mehr als in den 5 Kriegsjahren zuvor – an Hunger, Krankheiten und Mißhandlungen. Diese Zahl nannte Konrad Adenauer.
- Mehr als 2,5 Millionen Frauen und Mädchen wurden vergewaltigt, min. 250.000 starben an den Folgen.
- Deutschland verlor ca. ein Drittel seines Siedlungsgebietes.

Wer angesichts dieser Tatsachen von „Befreiung" spricht, kennt die tatsächlichen Absichten der Siegermächte nicht. Diese ließen mit ihrer Direktive JCS 1067 vom April 1945 nicht die geringsten Zweifel an ihren wahren Absichten. Darin heißt es: „Deutschland wird nicht besetzt zum Zwecke seiner Befreiung, sondern als besiegter Feindstaat und zur Verwirklichung alliierter Ziele." (Erinnert sei an die Pläne von Morgenthau, Kaufman, Nizer, Hooten). Auch wenn es viele nicht hören wollen, weil es Schuldvorwürfe gegen unsere heutigen Freunde und Verbündeten sind: Wahre Befreier rauben, morden, plündern, demontieren und vergewaltigen nicht. Sie achten vielmehr gültiges Völker- und Menschenrecht und üben keine jahrzehntelange, demütigende Besatzungsherrschaft aus. Wieder einmal muß an die bemerkenswerten Worte des ehemaligen niederländischen Ministerpräsidenten Dries van Agt erinnert werden: „Ich wage es, die ernste Frage aufzuwerfen, ob nicht schon längst die Zeit gekommen ist, über die Verbrechen, die im Kriege auch gegen das deutsche Volk begangen worden sind (und vor allem nach dem Krieg; d. Verf.) in Selbstkritik zu sprechen. Wer Versöhnung anstrebt, soll dazu bereit sein, die volle Wahrheit anzuerkennen und zu benennen!"

Gilt noch immer „Siegerrecht" vor Menschenrecht? Der bekannte kanadische Historiker James Bacque äußerte sich auf eine entsprechende Frage in einem Interview mit der DMZ, Ausgabe Jan/Feb. 2009, wie folgt: „Die unmittelbare Nachkriegspolitik der Siegermächte war nichts anderes als eine Fortsetzung des Krieges gegen die Deutschen. Der zweite Weltkrieg wird nicht wirklich zu Ende sein, bevor dies allgemein Anerkennung findet."

Ohne diese Anerkennung, also ohne Wahrheit, wird der Friede brüchig und der Weg zu einer echten Versöhnung versperrt bleiben. Nichts zeigt die Richtigkeit dieser Aussage deutlicher als die Diskussion bzw. der unsägliche und unwürdige politische Streit um die Gedenkstätte für 15 Millionen deutsche Opfer der Vertreibung. Deshalb haben wir Heimatvertriebenen an den „Tag der Befreiung" geteilte Erinnerungen – bis heute!

In seinem Buch „Die deutschen Nachkriegsverluste, Vertreibung, Zwangsarbeit, Kriegsgefangenschaft, Hunger", erschienen im ARES Verlag, Graz 2008, nennt der Autor Heinz Nawratil die nachstehenden Zahlen über deutsche Nachkriegsverluste:

Opfer der Hungerpolitik	5,7 Millionen
Vertreibungsopfer	2,8 Millionen
Tote unter Kriegsgefangenen	1,8 Millionen
Opfer der Roten Armee in Mitteldeutschland und Österreich	0,3 Millionen
Sterbefälle in den sowjetischen KZ und Gefängnissen in Mitteldeutschland	0,1 Millionen
Gesamt	10,7 Millionen

Zum Vergleich der kanadische Historiker James Bacque: In seinem Buch „Verschwiegene Schuld" schreibt er: „Zwar brachten die Alliierten Hitlers Sklaven die Freiheit, doch übten sie auch Rache in einer Weise, welche die Welt nie zuvor gesehen hatte. Wenigstens sieben (!) Millionen deutsche Zivilpersonen kamen nach dem Krieg um, dazu noch zwei Millionen Kriegsgefangene."

„Befreiung" oder „Erzwungene Wanderschaft"? Daran erinnern sich die Heimatvertriebenen:

1. Bekanntmachung für die deutsche Bevölkerung
Im Interesse aller Deutschen rufen wir die deutsche Bevölkerung auf, sich am 18. Oktober 1945 zur freiwilligen Abreise nach Deutschland in dem Barackenlager Karl Roenschstraße um 7 Uhr zu melden. Falls dieser Befehl nicht ausgeführt wird, kommen alle Deutschen in ein Straflager.

Es wird weiter bekannt gegeben:
Jeder abreisende Deutsche hat eine Liste in drei Ausführungen über sein zurückbleibendes festes Inventar aufzustellen. Diese Listen müssen von dem Hausverwalter oder von zwei zurückbleibenden, im gleichen Hause wohnenden Bürgern unterschrieben sein. Zwei Listen bleiben bei den Bürgern gegen Quittung.

Eine behält der Abreisende, gegen welche er die Ausreisegenehmigung erhält.
Die Abfahrt der Deutschen nach Deutschland ist bis zum 22. X. 45, morgens 7 Uhr verlängert.

Alle Deutschen müssen am 22. 10. 45, um 7 Uhr morgens am Sammelpunkt sich melden.

Stadthauptmannschaft Olsztyn
(Allenstein/Ostpreußen)

2. Sonderbefehl

Für die deutsche Bevölkerung der Stadt Bad Salzbrunn einschließlich Ortsteil Sandberg. Laut Befehl der Polnischen Regierung wird befohlen:

1. Am 14. 7. 1945 ab 6.00 bis 9.00 Uhr wird eine Umsiedlung der deutschen Bevölkerung stattfinden.
2. Die deutsche Bevölkerung wird in das Gebiet westlich des Flusses Neisse umgesiedelt.
3. Jeder Deutsche darf höchstens 20 kg Reisegepäck mitnehmen.
4. Kein Transport (Wagen, Ochsen, Pferde, Kühe usw.) wird erlaubt.
5. Das ganze lebendige und tote Inventar in unbeschädigtem Zustand bleibt als Eigentum der Polnischen Regierung.
6. Die letzte Umsiedelungsfrist läuft am 14. 7., 10.00 Uhr ab.
7. Nichtausführung des Befehls wird mit schärfsten Strafen verfolgt, einschließlich Waffengebrauch.
8. Auch mit Waffengebrauch wird verhindert Sabotage u. Plünderung.
9. Sammelplatz an der Straße Bhf. Bad Salzbrunn, Adelsbacher Weg, in einer Marschkolonne zu 4 Personen, Spitze der Kolonne 20 Meter vor der Ortschaft Adelsbach.
10. Diejenigen Deutschen, die im Besitz der Nichtevakuierungsbescheinigung sind, dürfen die Wohnung mit ihren Angehörigen in der Zeit von 5.00 bis 14.00 Uhr nicht verlassen.
11. Alle Wohnungen in der Stadt müssen offen bleiben. Die Wohnungs- und Hausschlüssel müssen nach außen gesteckt werden.

Bad Salzbrunn, 14. 7. 1945, 6.00 Uhr

Abschnittskommandant
(-) Zinkowski
Oberstleutnant

3. Aufmerksammachung.

(Original des Vertreibungsbefehles durch die tschechischen Behörden der Stadt Graslitz)

Personen, die für den Abtransport bestimmt sind, haben ihre Wohnung in voller Ordnung zu verlassen.

Pro Person wird ein Gepäck von 50 kg bewilligt.

Wer mehr als vorgeschriebenes Gewicht haben wird, dem werden die Sachen abgenommen, ohne Rücksicht was für Sachen es sind.

Die übrigen Sachen sind in der Wohnung an Ort und Stelle zu lassen, z. B. Vorhänge, Teppiche, Tischlampen, Wandspiegel, Waschschüsseln, Teile der Einrichtung, Tischdecken, 2 Handtücher, in Betten Matratzen, Bettlaken und mindestens je ein Kopfkissen und Zudeckbett, alles frisch bezogen.

Das Gepäck darf nicht in Teppiche oder Überzüge gepackt werden.

Wird bei der Kontrolle festgestellt, daß dies nicht beachtet wurde, wird die betreffende Person nicht in den Transport aufgenommen, sondern ins Inland zur Arbeit geschickt. Wer sich nicht 24 Stunden nach Erhalt des Einberufungsscheines in der Sammelstelle melden wird, wird von der Polizei vorgeführt.

Okresni spravna komise, kraslicich

Aufruf zum Genozid an 3,5 Millionen Sudetendeutschen, durch den tschechischen Präsidenten E. Beneš: „Vertreibt die Deutschen aus ihren Häusern, Fabriken und Höfen und nehmt ihnen alles bis auf ein Taschentuch, in das sie hineinweinen können." -

Alles wegen Hitler?

Am 8. 5. 1946 beschloß die provisorische Nationalversammlung der Tschechoslowakischen Republik u. a. folgendes Gesetz: „Eine Handlung, die in der Zeit vom 30. 9. 1938 bis zum 28. 10. 1945 vollbracht wurde und die die Beihilfe zum Kampfe um die Wiedererlangung der Freiheit der Tschechen und Slowaken zum Ziel hatte oder auf die gerechte Vergeltung für Taten der Okkupanten oder deren Helfershelfer abzielte, ist auch dann nicht widerrechtlich, wenn sie sonst laut den geltenden Vorschriften strafbar wäre." Das bedeutet im Klartext: Mord und Totschlag, Folter und Vergewaltigungen an der sudetendeutschen Bevölkerung wurde ein Freibrief erteilt. Eine in jedem zivilisierten Land übliche Verfolgung und Bestrafung der Täter findet – per Gesetz bestätigt – nicht statt. Dazu sagte der weltweit anerkannte Völkerrechtler Prof. Dr. Alfred de Zayas bei einer Veranstaltung des BdV Nordrhein-Westfalen „60 Jahre Flucht und Vertreibung": „Für die Vertreibung gab und gibt es absolut keine historische Rechtfertigung. Es war keine Strafe für Hitler, denn die polnischen und tschechischen territorialen Ansprüche existieren nachweislich schon seit dem Ersten Weltkrieg. Es war Landraub im großen Stil! Der Zweite Weltkrieg war nicht die Ursache der Vertreibung, sondern er hat sie möglich gemacht. Es war das ‚Vae victis!‘, das ‚Wehe dem Besiegten!‘, wie Livius bereits vor 2.000 Jahren schrieb – geprägt durch unvorstellbare Grausamkeit, Hybris und Machtfülle der Sieger, wie wir sie in der heutigen Weltsituation auch beobachten können. Ganz entschieden muß ich die menschenverachtende Aufteilung der Welt nach einer primitiven Schablone von ‚Tätern und Opfern‘ ablehnen. Diese Aufteilung hat nichts mit Geschichte oder Völkerrecht zu tun, nichts mit Wissenschaft, Realpolitik oder gar der Wahrheit zu tun. Diese Aufteilung ist schlichtweg eine Verlogenheit und eine Obszönität, denn eine Kollektivschuld gibt es nicht. Schuld und Unschuld sind individuell, nicht kollektiv." Und der jüdische Verleger Victor Gollancz schrieb, als er die Not der Menschen in Deutschland erkannt hatte: „Sofern das Gewissen der Menschheit jemals wieder empfindlich werden sollte, werden diese Verbrechen als die unsterbliche Schande aller derer im Gedächtnis bleiben, die sie veranlaßt oder sich damit abgefunden haben. Die Deutschen wurden vertrieben, aber nicht einfach mit einem Mangel an übertriebener Rücksichtnahme, sondern mit dem denkbar höchsten Maß an Brutalität. Die Menschen, die ich in Deutschland sah, glichen lebenden Skeletten, richtiger, sie sahen wie sterbende Skelette aus."

„Wir müssen hart mit Deutschland umgehen", erklärte der amerikanische Präsident Roosevelt „und ich meine das deutsche Volk, nicht nur die Nazis. Entweder müssen wir das deutsche Volk kastrieren, oder man muß die Deutschen in einer Weise behandeln, daß sie nicht immerzu Leute in die Welt setzen, die so weitermachen wollen wie früher."

Zur Erinnerung: Bis Ende Mai 1945 waren mehr Menschen in den US-Lagern gestorben als durch die Atombombenexplosion von Hiroshima. Als stellvertretender Landrat von Schongau hat Franz Josef Strauß die Not der Menschen nach dem Kriege hautnah miterlebt und nie ein Blatt vor den Mund genommen. An die amerikanische Adresse gerichtet, sagte er mit bayerischer Deutlichkeit: „Wir haben auf Euch als Befreier gewartet, und Ihr seid als Plünderer und puritanische Schulmeister gekommen. Ihr habt verkündet, daß Ihr uns Menschlichkeit und Demokratie bringen wolltet und dann setzt Ihr das Recht außer Kraft, verurteilt ein ganzes Volk zum Verhungern." (nach Otto Zierer, „F. J. Strauß - Ein Lebensbild", Seite 164).

Und im Anblick der einmaligen Menschheitstragödie der Vertreibung von 15 Millionen Menschen rief der englische Außenminister Bevin aus: „Beim wahrhaftigen Gott, dies ist die Höhe des menschlichen Wahnsinns!" In seinem Vorwort zu Bacques Buch „Verschwiegene Schuld" schreibt der bekannte Völkerrechtler Prof. Dr. Alfred de Zayas u. a.: „Nur wenige Stimmen haben sich erhoben, um die von uns Amerikanern und unseren Verbündeten über viele Jahrzehnte begangenen Ungerechtigkeiten anzuprangern. Nur wenige couragierte Menschen wie Herbert Hoover, George Bell und Victor Gollancz haben es gewagt, uns das moralische Dilemma vor Augen zu führen. In der Tat, wie konnten wir erst im Namen von Demokratie und Selbstbestimmung in den Krieg ziehen und dann, als Frieden war, unsere eigenen Grundsätze verraten? Genauer gesagt, wie konnten wir gegen Hitlers Methoden zu Felde ziehen, um dann während des Krieges und im Anschluß daran selbst ähnliche Methoden anzuwenden?" Noch einmal James Bacque in dem bereits genannten Buch: „Der Kalte Krieg ist zu Ende, die Russen rücken endlich mit der Wahrheit heraus, aber im Westen hört das Lügen nicht auf… Zweifellos haben wir es hier mit den langlebigsten großen Lügen in der Geschichte der westlichen Demokratien zu tun." Der große russische Schriftsteller Alexander Solschenizyn beschrieb das Grauen der „Befreiung" und die fürchterlichen Verbrechen während der „Erzwungenen Wanderschaft" in einer Versdichtung 1950 wie folgt:

Zweiundzwanzig, Höringstraße.
Noch kein Brand, doch wüst, geplündert.
Durch die Wand gedämpft – ein Stöhnen:
Lebend finde ich noch die Mutter.
Waren's viel auf der Matratze?
Kompanie? Ein Zug? Was macht es!
Tochter – Kind noch, gleich getötet.
Alles schlicht nach der Parole:
Nichts vergessen! Nichts verzeih'n!
Blut für Blut! – und Zahn für Zahn.
Wer noch Jungfrau, wird zum Weibe,
und die Weiber – Leichen bald.
Schon vernebelt, Augen blutig,
bittet: „Töte mich, Soldat."

Wer sich wie unsere politischen Repräsentanten in entwürdigender Weise in „Wegschauen", „Stigmatisieren" und „Verdrängen" – Charakteristika der „westlichen Wertegemeinschaft" – übt und den 8. Mai. 1945 als „Tag der Befreiung" feiert, der mag das tun. Angehörige der „Erlebnisgeneration" (noch gibt es sie, sehr zum Verdruß der Vertreiberstaaten) sehen das völlig anders. Für uns Heimatvertriebene ist dies vor allem ein Tag der Trauer und des Gedenkens an die Opfer des an uns begangenen Völkermordes. Wie sagte doch der ehemalige Bundespräsident Richard v. Weizsäcker in seiner, so viel Empörung auslösenden Rede am 8. Mai 1985: „Lebenswichtig ist, die Erinnerung wach zu halten." - Genau das ist unsere Aufgabe, nicht zuletzt auch eine Verpflichtung gegenüber unseren Kindern und Enkelkindern. Erinnerungen, die zur Weitergabe der Wahrheit verpflichten, damit die Geschichte wieder auf die sie tragenden Tatsachen gestellt wird. Das Wissen darum, daß die sogenannte „Befreiung" mehr Deutsche das Leben gekostet hat als Krieg und Diktatur zusammengenommen, kann vielleicht zu einer Versachlichung und den Tatsachen gerecht werdenden „Befreiungsdebatte" beitragen (s. auch Heinz Nawratil in dem o.g. Buch). Mit Blick auf die unwürdige Diskussion und die unverschämte Einmischung der Polen um die Errichtung des „Zentrum gegen Vertreibung" in Berlin möchte ich nachstehend die Gedanken eines unbekannten Verfassers zitieren: „Die Deutschen lassen sich nicht gern von eigenen regieren, viel lieber sich von fremden Herren geduldig malträtieren."

Schluß damit: Die Wahrheit lautet: Die Polen sind nicht nur Opfer, sondern auch Täter. Sie haben weder ein juristisches noch ein moralisches Recht, sich einzumi-

schen oder gar darüber entscheiden zu wollen, wie und in welcher Form wir unserer eigenen Opfer von Krieg und Vertreibung gedenken wollen.
Alfred E. Zips

„Die Vertreibung der Sudetendeutschen aus der angestammten Heimat von 1945-1947 und die fremdbestimme Aussiedlung nach dem Zweiten Weltkrieg widersprachen nicht nur der Atlantik-Charta und dann der in der Charta der Vereinten Nationen verheißenen Selbstbestimmung, sondern die Vertreibung der Sudetendeutschen ist Völkermord und Verbrechen gegen die Menschheit, die nicht verjährbar sind."
Prof. Felix Ermacora, Mitglied der Europäischen Menschenrechtskommission, in: Alfred de Zayas, „Die Nemesis von Potsdam", Herbig, 2005, S. 275

„Besiegt sind wir; ob wir nun zugleich auch verachtet und mit Recht verachtet sein wollen, ob wir zu allen anderen Verlusten auch noch die Ehre verlieren wollen, das wird noch immer von uns abhängen."
Johann Gottlieb Fichte (1762-1814)

„Wir brauchten den Krieg und ich tat in diesem Sinne alles, damit es ja zum Krieg kommt!
E. Beneš zu seinem Mitarbeiter Smutung, in: Hans Meiser, „Das Ringen um Frankreich", 2007, S. 184

Am 3. Feb. 1944 kündigte E. Beneš im Londoner Rundfunk an, Böhmen und Mähren würden nach Kriegsende der Schauplatz „eines gewaltigen Aufstandes sein" und das werde „eine große Volksrache an Deutschen und Faschisten bedeuten, „deren Ende blutig und erbarmungslos sein werde"
ebenda, Seite 185

Der polnische Primas Wyszynski predigte noch 1957: „Wir sind zurückgekehrt auf unsere polnische Erde... Schaut nur! – Es bleibt keine Spur von ihnen (den Deutschen,; d. Verf.), und in die Erde unserer Urväter, die uns mit Gewalt entrissen wurde, hat Gott den goldenen Weizen eurer Herzen gesät! ... Die Austreibung der Deutschen war Gottes Fügung."
Prof. Dr. Bolko Freiherr von Richthofen, „Die polnische Legende", Kiel, 1982, S. 184

„Die Bundesregierung unter Konrad Adenauer stellte 1950 fest, daß 1,4 Mio. Kriegsgefangene niemals heimgekehrt seien. Sie gelten bis zum heutigen Tage als vermißt... Und nun legt James Bacque Beweise vor, daß über 5 Millionen Deutsche unter der alliierten Militärregierung nach dem Krieg schlichtweg verhungerten...

ob es angesichts des Grundsatzes der Selbstbestimmung der Völker notwendig und gerechtfertigt war, 15 Millionen Deutsche und Österreicher... einer Art ethnischer Säuberung auszusetzen, indem man sie erst zur Flucht zwang und dann in einer Art und Weise vertrieb, die Millionen weitere Opfer kostete, und dies nach offizieller Beendigung der Feindseligkeiten: Tod im Namen des Friedens? Diese grotesken Verbrechen wurden im Namen der tugendhaften Demokratien Großbritanniens, der USA, Frankreichs und Kanadas begangen. In der Tat, wie konnten wir erst im Namen von Demokratie und Selbstbestimmung in den Krieg ziehen und dann, als Frieden war, unsere eigenen Grundsätze verraten?"

Prof. Dr. Alfred de Zayas in seinem Vorwort zu James Bacque, „Verschwiegene Schuld", 2002

„Schließlich wirkten die westlichen Demokratien bei den blutigen sowjetisch-polnischen Vertreibungen aus dem deutschen Osten mit. Sie unterhielten Lager, in denen etwa eine Million deutsche Gefangene verhungerten, erfroren oder durch Seuchen umkamen, und sie sahen zu und halfen mit, als Millionen deutsche Zivilisten zwischen 1946 und 1950 verhungerten."

James Bacque, „Verschwiegene Schuld", 2002, S. 42

„Sofern das Gewissen der Menschheit jemals wieder empfindlich werden sollte, werden diese Vertreibungen als unsterbliche Schande aller derer im Gedächtnis bleiben, die sie veranlaßt oder sich damit abgefunden haben... Die Deutschen wurden vertrieben, aber nicht einfach mit einem Mangel an übertriebener Rücksichtnahme, sondern mit dem denkbar höchsten Maß an Brutalität."

Victor Gollancz, jüdisch-britischer Publizist, in seinem Buch „Unser bedrohtes Erbe", S. 15 - Zur Erinnerung: der ehemalige Bundespräsident Richard v. Weizsäcker nannte die Vertreibung in seiner Rede vom 8. 5. 1985 „eine erzwungene Wanderschaft".

„In schlimmster Weise vergeht man sich gegen das Recht des geschichtlich Gegebenen und überhaupt gegen jedes menschliche Recht, wenn man Völkerschaften das Recht auf das Land, das sie bewohnen, in der Art nimmt, daß man sie zwingt, sich anderswo anzusiedeln. Daß sich die Siegermächte am Ende des Zweiten Weltkrieges dazu entschlossen, vielen hunderttausend Menschen dieses Schicksal, und dazu noch in der härtesten Weise, aufzuerlegen, läßt ermessen, wie wenig sie sich der ihnen gestellten Aufgabe einer gedeihlichen und einigermaßen gerechten Neuordnung der Dinge bewußt waren."

Albert Schweitzer in seiner Rede anläßlich der Verleihung des Friedens-Nobelpreises am 4. 11. 1954 in Oslo

Einstimmige Entschließung der UNO 1967: „Ergebnis eines Krieges darf nicht sein, die Annexion von besetztem Land; die siegreichen Truppen haben das Land nach Beendigung der Kriegshandlungen zu verlassen, die Vertriebenen oder Geflüchteten müssen unverzüglich zurückkehren dürfen."

„Der Versuch, eine Aufarbeitung der Vertreibung der Deutschen zu unterbinden, weil dies angeblich einer ,Aufrechnung' gleichkomme, verkennt die Menschenrechte der Vertriebenen und somit schließlich der übrigen Menschen. Es ist Hohn und Unbarmherzigkeit den Opfern gegenüber. Der Vorwurf der Aufrechnung kommt aus der Waffenkammer des Totalitarismus, in dem das Individuum nichts gilt. Der Vorwurf der Aufrechnung bedeutet Diffamierung und zugleich eine Einschüchterung der Opfer…"
Prof. Dr. Alfred M. de Zayas, US-Völkerrechtler und Historiker, auf dem 48. „Tag der Heimat"
im September 1997 in Berlin

„Bei der Frage nach der Schuld am Zweiten Weltkrieg, die wissenschaftlich eindeutig beantwortet ist, handelt es sich nicht etwa nur um eine fachhistorische Angelegenheit. Die Erkenntnis von der unbestrittenen und alleinigen Schuld Hitlers ist vielmehr eine Grundlage der Politik der Bundesregierung."
Professor Dr. Theodor Eschenburg in einem Brief an Dr. Herbert Grabert (1961); zitiert nach: Bolko von
Richthofen, „Kriegsschuld 1939-1941 - Der Schuldanteil der anderen", Kiel, 1981, S. 32, 1. Fußnote

Der Vertreibungsholocaust an den Ost- und Sudetendeutschen war fraglos einer der größten Völkermorde der bekannten Menschheitsgeschichte und mit ca. 3 Millionen direkt bei der Vertreibung Ermordeter auch der größte Vertreibungsmassenmord in der Geschichte. Ganz überwiegend spielte sich dieser Vertreibungs-Holocaust in der Zeit nach der Kapitulation der deutschen Wehrmacht am 8. Mai 1945 ab, also während des von den „Alliierten" uns zugedachten Befreiungs-„Friedens". Im April 1950 stellte Senator William Langer vor dem US-Senat fest: „Die Massenvertreibung ist eines der größten Verbrechen, an welchem wir direkt Anteil haben… In der gesamten Geschichte findet sich nirgends ein so scheußliches Verbrechen… 15-20 Millionen wurden von den Stätten ihrer Vorfahren entwurzelt, in die Qual einer lebendigen Hölle geworfen oder wie Vieh über die Verwüstungen Osteuropas getrieben. Frauen und Kinder, Alte und Hilflose, Schuldige und Unschuldige wurden Greueltaten ausgesetzt, die noch von niemandem übertroffen wurden." Professor Dr. Werner Frauendienst stellte 1962 fest: „Wie die Hyänen sind Polen hinter den Russen hergezogen und haben sich ihre Opfer geholt, Männer, Frauen und Kinder in Gefängnisse und Lager verschleppt, dort zu Tode gequält und umgebracht, um Raum für Polen zu schaffen, die nicht in einen menschenleeren Raum kamen, sondern der erst menschenleer gemacht wurde." Und bei der Massenaustreibung der Sudetendeutschen durch die Tschechen war das nicht anders.
Eibicht, Rolf-Josef/Hipp, Anne, „Der Vertreibungs-Holocaust", Faktum Fachbuch-Versand, 2009,
S. 10-12

Der englische Philosoph Bertrand Russel sagte in der „Times" vom 23. 10. 1945: „In Osteuropa werden jetzt Massendeportationen von unseren Alliierten durchgeführt... und ein vorsätzlicher Versuch wird unternommen, viele Millionen Deutsche auszurotten, und sie einen langsamen quälenden Hungertod sterben zu lassen... Ist es humaner, alte Frauen und Kinder herauszuholen und in der Ferne sterben zu lassen, als Juden in Gaskammern zu ersticken?"

Klaus Rainer Röhl, „Verbotene Trauer", Universitas, 2002, S. 211

Einige Aussagen des weltweit anerkannten US-amerikanischen Völkerrechtlers Alfred de Zayas zum Genozid an 15 Millionen Deutschen nach Beendigung des Krieges: „Der zweite Weltkrieg war zwar der Anlaß, nicht aber die Ursache der Vertreibung. Zu den Ursachen gehören die geopolitischen Ambitionen Stalins und der Wille der Westalliierten, Deutschland nachhaltig zu schwächen. Heimatrecht ist Menschenrecht, deshalb sind alle Vertreibungen völkerrechtswidrig. Alle Opfer haben ein Recht auf die Wahrheit, und sie sollen darauf beharren. Vertriebene und Flüchtlinge haben einen Anspruch auf Wiedergutmachung, Rückkehr und Eigentumsrückgabe. Der Staat, dessen Bürger Opfer sind, muß sich für Wiedergutmachung durch Rückgabe oder Entschädigung einsetzen. Die Ausübung des diplomatischen Schutzes ist keine Ermessensfrage. Die schwere und anhaltende Verharmlosung der Vertreibung der Deutschen stellt eine Menschenrechtsverletzung dar und bedeutet eine Diskriminierung der Opfer. Vertreibung ist meistens Rassismus und immer Terror... Deshalb sind die Beneš-Dekrete, die jugoslawischen Avnoy-Beschlüsse und die polnischen Bierut-Gesetze mit dem europäischen Mindeststandard der Menschenrechte unvereinbar. Es gibt keine Kollektivschuld. Ohne eine wahrhaftige und völkerrechtlich saubere Aufarbeitung der Vertreibung gibt es nur Verdrängung, aber keine Versöhnung. Gute Nachbarschaft verlangt gegenseitige Offenheit und die Bereitschaft, der Wahrheit ihren Raum zu geben. In der Europäischen Union sollte dies selbstverständlich sein. Die Vertriebenen waren Opfer der Unmenschlichkeit der Sieger, heute sind sie Opfer der Diffamierung durch viele Medien und dem Zeitgeist verhaftete Historiker.

Professor Dr. Alfred Maurice de Zayas, „50 Thesen zur Vertreibung – Historische und völkerrechtliche Thesen", Verlag Inspiration, London/München, 2008

Unzulässige Diskriminierung der deutschen Opfer - zum Beitrag „Polen gegen Gedenktag für Vertriebene" (FAZ vom 15. Februar 2011)
„Die schwere und anhaltende Verharmlosung der Vertreibung der Deutschen durch deutsche, polnische und tschechische Historiker stellt eine Menschenrechtsverletzung dar, denn sie bedeutet eine unzulässige Diskriminierung der Opfer. In diesem Zusammenhang muß an Artikel 26 des UN-Paktes über bür-

gerliche und politische Rechte erinnert werden, der die rechtliche Gleichheit aller Menschen garantiert und jede Willkür und Diskriminierung verbietet. Die Mißachtung des Status der Vertriebenen als Opfer kann zudem als eine Verletzung des Artikels 16 dieses Paktes verstanden werden, der das Recht auf Anerkennung als Rechtsperson garantiert. Eine massive Verharmlosung der Vertreibung oder die Leugnung der Vertreibungsverbrechen kann darüber hinaus eine Verletzung von Artikel 20 dieses UN-Paktes darstellen, wenn eine Aufstachelung zu Haß, Erniedrigung und Diskriminierung beabsichtigt wird. Zumindest aber stellt eine solche Verharmlosung eine Verletzung von Artikel 17 dieses Paktes dar, der Beeinträchtigungen der Ehre und des Rufes von Menschen verbietet. Die deutschen Vertriebenen und ihre Nachkommen dürfen keine Opfer zweiter Klasse sein. Die anhaltende Diskriminierung der Vertriebenen in den Medien, in Schulbüchern und im politischen Dialog stellt eine Verletzung allgemein anerkannter menschenrechtlicher Normen dar. Die Haltung der Historiker, die kein Zentrum gegen Vertreibungen und keinen Gedenktag für die Vertriebenen wollen, bedeutet letzten Endes, daß die Deutschen beziehungsweise die Vertriebenen kein Recht haben, Opfer zu sein, und daß ihres Leidens nicht zu gedenken ist."
Prof. Dr. Alfred de Zayas, Grand Saconnex, Schweiz

Die Größe der verlorenen Gebiete Ostdeutschlands zur Erinnerung:
Ostpreußen mit Memelland: 39.300 km^2
Danzig: 1966 km^2
Pommern östlich der Oder: 31.300 km^2
Brandenburg östlich der Oder: 12.600 km^2
Schlesien östlich der Neiße: 33.400 km^2
Sudetenland insgesamt: 22.586 km^2

„Die Potsdamer Konferenz endete nicht mit einem völkerrechtlichen Abkommen, sondern lediglich mit einem Schlußkommuniqué. Artikel VIII dieses Protokolls hätte die Vertreibung aber auch dann nicht legitimieren können, wenn das Potsdamer Protokoll ein Vertrag gewesen wäre."
Prof. Dr. Alfred de Zayas, „50 Thesen zur Vertreibung", 2008

„Deshalb muß sich das heutige Polen an eine unverzichtbare Voraussetzung für ein nachbarschaftliches Verhältnis in Frieden und Freiheit erinnern lassen: Wer Versöhnung will, muß bereit sein, sich zu den eigenen Verbrechen zu bekennen. Die Vertreiberstaaten Polen und Tschechien sind dazu bis heute nicht bereit. Warum gehören sie dennoch der ‚westlichen Wertegemeinschaft' an? Vertreibung ist meistens Rassismus und immer Terror. Sie ist durch nichts zu entschuldigen. Deshalb sind die tschechoslowakischen Benés-Dekrete, die jugoslawischen Avnoj-Beschlüs-

se und die polnischen Bierut-Dekrete mit dem europäischen Mindesstandard der Menschenrechte unvereinbar."
ebenda, S. 29

„Heimat hat geographische, kulturelle, geistliche und religiöse Dimensionen. Sie gehört zum Menschen und seiner Geschichte und darf niemandem gewaltsam genommen werden. Ideologien, die Vertreibungen rechtfertigen, richten sich gegen die Würde des Menschen."
Papst Benedikt XVI. 2005 in einer Grußbotschaft an die deutschen Heimatvertriebenen

„Wenn wir frei sind, können wir gemeinsam mit anderen freien Menschen auf eine freie Welt hinarbeiten. Nichts kann uns aufhalten, es sei denn die Mauern der Intoleranz, des Egoismus und der Vorurteile, die freie Menschen untereinander und Freie von Unfreien trennen. Diese Mauern überragen uns nicht außerhalb wie die Alpen oder die Rocky Mountains. Der Geist erbaut sie, und er kann sie auch einreißen."
Timothy Garton Ash, britischer Historiker und Schriftsteller, geb. 1955, „Spiegel Special", 4/2004

„Der Kampf zwischen Gut und Böse ist weder gewonnen noch verloren, noch ist er vorbei. Wie Solschenizyn schrieb, durchkreuzt der Strich, der das Böse vom Guten trennt, das Herz eines jeden Menschen und so auch jedes Land. In jedem von uns steckt das alte Mütterchen, das sich mit einer Gabe für den Gefangenen dem Stacheldrahtzaun nähert. Und in jedem von uns steckt der Soldat mit dem Finger am Abzug.
James Bacque, „Verschwiegene Schuld", Verlag Pour le Mérite, S. 223

„Das Gespenstische an der Potsdamer Konferenz lag darin, daß hier ein Kriegsverbrechergericht von Siegern beschlossen wurde, die nach den Maßstäben des Nürnberger Prozesses allesamt hätten hängen müssen. Stalin zumindest für Katyn, wenn nicht überhaupt, Truman für die Bombardierung von Nagasaki, wenn nicht schon von Hiroshima und Churchill zumindest als Ober-Bomber von Dresden."
Rudolf Augstein am 7. 1. 1985 im „Spiegel"

Quidquid agis, prudenter agas et respice finem!
Was auch immer Du tust, tue es gut und bedenke das Ende!

„Da ich ein Teil von ihnen bin, werde ich niemals die Meinen verleugnen, was sie auch tun mögen. Ich werde nie vor jemand anderem gegen sie predigen. Wenn ich sie verteidigen kann, werde ich sie verteidigen. Wenn sie mich mit Schande bedecken, werde ich diese Schande in meinem Herzen verschließen und schweigen. Was ich dann auch über sie denken mag, ich werde nie als Belastungszeuge dienen."
Antoine de Saint-Exupéry (1900-1944), „Flug nach Arras", S. 128